手绘山海经

神人英雄

第一册

于春娥 ◎ 著
方艺 ◎ 绘

江苏凤凰文艺出版社
JIANGSU PHOENIX LITERATURE AND ART PUBLISHING

图书在版编目（CIP）数据

手绘山海经. 第一册, 神人英雄 / 于春娥著 ; 方艺绘. -- 南京 : 江苏凤凰文艺出版社, 2025.6. -- ISBN 978-7-5594-8364-5

Ⅰ. K928.626-49

中国国家版本馆CIP数据核字第2025VQ9776号

手绘山海经·第一册 神人英雄

于春娥 著　方 艺 绘

出 版 人	张在健
项目统筹	孙　茜
图书策划	墨染九州
责任编辑	周　璇
特约编辑	曹　月
装帧设计	乐　翁
责任印制	杨　丹
出版发行	江苏凤凰文艺出版社
	南京市中央路 165 号，邮编：210009
网　　址	http://www.jswenyi.com
印　　刷	天津睿和印艺科技有限公司
开　　本	710 毫米 × 1000 毫米 1/16
印　　张	54
字　　数	746 千字
版　　次	2025 年 6 月第 1 版
印　　次	2025 年 6 月第 1 次印刷
书　　号	ISBN 978-7-5594-8364-5
定　　价	198.00 元（全 5 册）

江苏凤凰文艺版图书凡印刷、装订错误，可向出版社调换，联系电话 025-83280257

序言

在中国,几乎男女老少都知道这样一部古老的奇书——《山海经》。

《山海经》是一部充满神奇色彩的著作,也是一部记述上古时期国家地理、神仙精怪的古籍,内容不但有山川、国家,还有药物、矿物、巫术等。里面的一草一木、一鱼一鸟、一兽一妖、一人一神都充满了无限魅力。

在《山海经》的世界里,有大禹的得力助手旋龟,有吃掉它可以消肿,祛除痔疮的虎蛟,有喜欢喝酒、跑得飞快的狌狌,有以乳为眼睛、肚脐为口的刑天……可以说,《山海经》不仅是后世文学艺术创作的源泉,也是中国传统神话传说的摇篮。

我们耳熟能详的"精卫填海""后羿射日""夸父逐日"等神话故事都是从《山海经》中诞生的,而庄子、屈原、李白、苏轼、关汉卿、蒲松龄、纪晓岚、鲁迅等人也受《山海经》影响颇深。在《山海经》的影响下,他们创作出极富想象力与创造力的作品,如《庄子》《离骚》《聊斋志异》《阅微草堂笔记》等。

在《阿长与〈山海经〉》中,鲁迅先生也用生动的语言写道:"曾经有过一部绘图的《山海经》,画着人面的兽,九头的蛇,三脚的鸟,生着翅膀的人,没有头而以两乳当作眼睛的怪物……可惜现在不知道放在那里了。"

后来,鲁迅收到了长妈妈给他带来的四本《山海经》,读完后,鲁迅先生是这样描述自己当时心境的:"我似乎遇着了一个霹雳,全体都震悚起来;赶紧去接过来,打开纸包,是四本小小的书,略略一翻,人面的兽,九头的蛇,……果然都在内。"

晋代诗人陶渊明在读完《山海经》后,被其瑰丽而大胆的想象所折服，然后一口气写成《读〈山海经〉十三首》，可见其影响力之深远。正因为《山海经》在中国文学中拥有极其重要的地位，所以新部编版小学语文课本中收入了《山海经》原文，而在新部编版初中语文课本中，更是明确要求孩子课外阅读《山海经》！

不过，《山海经》虽然对人们有着巨大的影响力与吸引力，因其生僻字多，孩子们读起来会很吃力。为此，《手绘山海经》应运而生！

本书将《山海经》原文进行梳理，在查阅各种资料的基础上，力图将原本生僻难懂的文字变得有趣。然而在撰写时，我们也发现，因为古籍流传版本的不同，《山海经》原文可能与我们的印象出现巨大的偏差，例如，后羿到底是人还是神？羲和与常羲的身份是怎样的？这在不同版本中就出现了矛盾，甚至在同一版本中还出现了同一个英雄或神怪在完全不同的两个故事里以不同的身份出现等问题。

鉴于此，我们结合《山海经》留下的多个版本，如《正统道藏》本、《古今逸史》本、《四库全书》本和《山海经校注》本，对所有元素都尽力做了最符合原文的说明，然终有无法尽善之处，还希望读者能够谅解。

但无论如何，作为中国古代最具有想象力、最奇异的文化典籍，阅读它，可以让我们的孩子了解我国源远流长的历史文化，增长知识，开阔眼界，丰富体验，获得乐趣。本书中长相奇特的动植物以及光怪陆离的传说故事，不仅能满足孩子对《山海经》的好奇心，而且能提高孩子的想象力与创造力。

在《手绘山海经》中，我们可以见识神奇的国家，有趣的鸟兽，威严的异人，奇幻的花草……为了提升孩子的阅读体验，本书还加入了大量精美的手绘插图。这些插图色彩鲜明，与文字搭配得非常巧妙，这种巧妙的图文搭配能让《山海经》中的神奇动物、植物跃然纸上，让《山海经》真正做到好看、好读、好懂！

下面，就让我们翻开本书，一同开启奇妙的"山海之旅"吧！

目录

上篇 千古帝王

01 中华民族的始祖母
华胥 002

02 统治诸天万界的帝王
帝俊 005

03 创制八卦图的万民之王
伏羲 009

04 能召唤凤凰的帝王
帝喾 012

05 中华"人文初祖"
黄帝 015

06 牛首人身的五谷神农大帝
炎帝 019

07 勇猛无比的兵主战神
蚩尤 022

08 文武双全的古昔圣王
帝尧 025

09 眼睛有双瞳仁的华夏贤王
帝舜 028

10 窃帝之息壤治水的治水大员
鲧 031

11 三过家门而不入的贤圣帝王
帝禹 034

12 华夏共同人文始祖
颛顼 038

13 农耕业的始祖
后稷 041

中篇
超级英雄

14 开天辟地的英雄
盘古 046

15 创造万物的大地之母
女娲 049

16 制定时历的太阳女神
羲和 052

17 生育月亮的女神
常羲 054

18 投江而亡的湘夫人
娥皇、女英 057

19 永居广寒宫的女神
嫦娥 061

20 衔石填海的神女
精卫 064

21 至高无上的女神
西王母 068

22 手持巨斧和盾牌的大将
刑天 071

23 人面兽身的火神
祝融 074

24 怒触不周山的水神
共工 077

25 断案如神的封疆大吏
孟涂 081

26 量度制作鼻祖
竖亥 084

27 养蚕缫丝方法的创造者
嫘祖 088

	射太阳的射手			琴瑟发明人	
28	后羿	092	**31**	晏龙	101

	追赶太阳的巨人			世界围棋始祖	
29	夸父	095	**32**	丹朱	104

	牛耕之祖	
30	叔均	098

|下篇| 殊方异人

	不怒自威的风神			共工的大臣	
33	石夷	110	**39**	相柳	126

	掌管树木发芽生长的春神			人身羊角的神仙	
34	句芒	113	**40**	九山山神	129

	人身龙首的土地神			天女旱神	
35	计蒙	116	**41**	女魃	132

	掀起滔天巨浪的神仙			光辉照耀百里的姐妹	
36	禺䝞	118	**42**	宵明、烛光	135

	人面虎爪的神将			妖女之首	
37	陆吾	121	**43**	雨师妾	139

	品德高尚的神仙			两耳悬青蛇的海神	
38	长乘	124	**44**	禺疆	142

	掌管荒野黑夜的神人		生出白犬的神人
45	二八神 ………… 144	**50**	弄明 ………… 156

	可以反转手臂的人		正站没有影子的人
46	天虞 ………… 146	**51**	寿麻 ………… 159

	一步十里的神人		折断脖子的怪人
47	大行伯 ………… 148	**52**	据比尸 ………… 162

	无头大将		跑得最快的神人
48	夏耕尸 ………… 150	**53**	贰负 ………… 165

	只有左臂的奇人
49	吴回 ………… 152

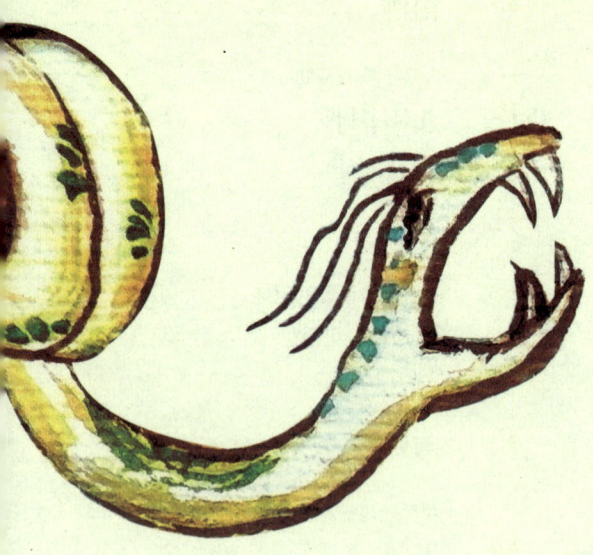

上篇

千古帝王

中华民族的始祖母

地位： 始祖母

地域分布： 黄河流域中上游的华山方圆

外貌： 蛇身人首

成就： 华夏之根，民族之母，彰显中华民族同根同源和血脉亲情

> 《山海经·海内东经》郭璞注（引《河图》）说："大迹在雷泽，华胥履之而生伏羲。"讲述的就是华胥因为踩了雷神的脚印，生育了伏羲的故事。

华胥也叫作华胥氏，是中国上古时期华胥国的女首领，是伏羲和女娲的母亲，被中华民族尊奉为"始祖母"。华胥为了部族生存，带领先民们发展生产，创造了渔猎、农耕文化，开创了中华文明史。

相传，很久以前，在遥远的昆仑东南方有一个叫作华胥国的部落，他们的首领名叫华胥。华胥教会了人们打猎、采集果实，人们因此在这个地方生息、繁衍，安宁地生活着。

华胥国附近有一地名为雷泽，雷泽内住着雷神，雷神人首龙身，神通广大，他只要用手拍肚子，就会发出惊天动地的雷声。他每天负责行雷布雨，帮助人们改变天气。

一天，他听说华胥国的首领华胥聪明美丽，是不可多得的姑娘，就想去华胥国找华胥，一睹芳容。这天，他兴高采烈地来到华胥国，想要立刻见到华胥。可是，快走到华胥部落的时候，他转念一想，这样冒失地去见华胥，华胥肯定怀疑他的身份，还有可能因为他是雷神就惧怕他，所以不能这样草率地与华胥见面。

一番思虑后，他想出了一个办法来考验华胥。他先在部落附近的树林里面等着，观察华胥每天的行踪。当他知道华胥每天都会经过部落外的一条小路时，就决定在小路上留下他的脚印，以此来试探华胥的心意。

做好这一切之后，雷神又躲进树林里，等待华胥的到来，观察她的反应。不一会儿，华胥果然从部落里出来，向这条小路走来。当华胥走到雷神巨大的脚印面前时，她害怕地四处张望，担心有怪兽侵入

部落。

华胥本来想转身返回部落,但是看看手中的篮子还是空的,她不忍心部落里的人挨饿,便大着胆子踏进脚印之中。雷神看见华胥所为,笑了起来,心里想着:华胥果然如传言的一样,聪明勇敢。于是,他便施展法术,将自己的孩子放进华胥的肚子中。

这时,华胥突然感觉腹痛不止,还十分恶心。无奈之下,她只好先回部落找大夫诊治。大夫为她把脉后,惊奇地告诉她,她已经有了身孕。华胥惊讶不已,她想到自己踩到巨人脚印的事情,觉得其中有蹊跷。

但是,她生性善良,不忍心伤害肚子里面这个小小的生命,就决定把孩子生下来,独自抚养孩子长大。

几个月之后,她顺利诞下了一名男婴,部落里的人为他取名"伏羲"。伏羲人面蛇身,有神圣之德。他长大后,不仅统一了华夏各个部落,还创立八卦、制定婚姻制度、教人们猎畜牧、创造文字符号等,在文化、科技等方面的贡献极大促进了中华文明的进步,被誉为华夏民族的人文先始。因着华胥是伏羲的母亲,所以,华胥也被尊为始祖母。

统治诸天万界的帝王 —— 帝俊

地位：上古天帝

地域分布：生于太阳之中，子孙遍布四方

外貌：模样古怪，鸟头，头上有角；猴子的身体；一条腿；弓背；手拿拐杖

成就：天地开创者，东方部族远古始祖，有十个神系

> 《山海经·海内经》记载："帝俊生禺号，禺号生淫梁，淫梁生番禺，是始为舟。番禺生奚仲，奚仲生吉光，吉光是始以木为车。"帝俊在《山海经》中虽然没有被详细介绍，但是他的子孙以及神系多次在《山海经》中出现。

帝俊是中国古代神话传说中的上古天帝。据传，帝俊有三个妻子，分别为羲和、常羲、娥皇。羲和在东方海外的甘渊，生了十个太阳；常羲在西方的荒野，生了十二个月亮；娥皇住在南方荒野，生了三身国的先祖。

帝俊虽然是东方部族的远古始祖，但是他的后代在东、南、西、北四方建立了各自的国家。在这些国家中，中容、白民、司幽、黑齿、三身、季厘、西周、儋（dān）耳、牛黎、殷商十国都属于帝俊的神系。

传说，遥远的东方海洋中，生长着一棵高大、繁茂的扶桑树。这棵树扎根于海水之下的岩礁上，高达百里，顶端有一只神奇的玉鸡。这只玉鸡的头颈像美玉一样纯白，腹部是红色的，散发着宝石般的光芒。

每天清晨，玉鸡都会准时鸣叫五次，之后，栖息在扶桑树树梢上的太阳，便会穿越浩渺的天空，将光芒和热量播撒在世间的每个角落。而帝俊就是负责运送太阳的太阳神，他每天早上都用车辆拉着太阳一点点向西走，经过一天的驱驰，把太阳送到西方的虞渊，它还有另一个名字，叫做禺谷。然后，第二天早上，又把太阳运回到东方的汤谷，并把太阳放到扶桑树树梢上。

美丽的月亮神常羲[1]和帝俊一样，她也整天驱车在同一条线路上经过，负责运送月亮。日久天长，他们互生情愫，结为夫妻。

他们在南方衡山中一个叫作卫丘的小山上建造了一座琼楼，把它当作他们的家。

后来，南方赤帝的女儿瑶姬[2]喜欢上了帝俊，想要和帝俊在一起。但是，帝俊并不喜欢瑶姬，还嘲笑了她一番。瑶姬心生怨恨，想要让自己的好朋友羲和[3]教训帝俊一番。

帝俊觉得羲和就像春天一样清新、活泼，便迷恋上了她。他和羲和在一起之后，共同生育了十个太阳。他们每天一起把太阳运到西方和东方，共同看着日出日落，十分温馨而美好。

渐渐地，他只有在每月的十五、十六日回到卫丘，和常羲在一起。常羲和女儿们不能时时见到帝俊，心里非常难过，经常抱在一起哭泣。久而久之，天上的月亮也随着她们变得越来越消瘦。只有在帝俊回来的那两天，月亮才能恢复往昔的美丽和明亮。

月月如此，年年如是，人们就认为只有看到月亮变圆，才知道帝俊回到卫丘山了。之后，人们就把正月十五、十六这两日称为"月圆日"。

---

[1] 常羲：又称"常仪"，中国神话传说中的月亮之母。
[2] 瑶姬：神话故事中南方赤帝的女儿。
[3] 羲和：中国上古神话中的太阳女神与制定时历的女神。

创制八卦图的万民之王
伏羲

地位：华夏民族人文先始，创世神
地域分布：生于成纪（今甘肃天水），定都于陈地（今河南境内）
外貌：人首蛇身
成就：创立八卦和龙图腾，开启了中华民族的文化之源

> 《山海经·海内东经》郭璞注："大迹在雷泽，华胥履之而生伏羲。"华胥生育了伏羲之后，伏羲继承了华胥的聪明才智，开创了一个更加文明的时代。

伏羲是华夏民族人文先始，属于三皇之一。据传，他的母亲是华胥，华胥因为踩到雷神的脚印而怀孕，最后生育了他。之后，他与女娲结为夫妻，生儿育女，共同治理华夏各个部落。

伏羲出生时，天生异象，大放异彩。他生来人面蛇身，拥有神力，可以自由爬上天梯，在天地间自由来往。

成年后，伏羲成为万民之王，统治着整个华夏民族。一开始，人们只能依靠打猎、捕鱼、采摘野果为生。每到野兽侵袭的时候，人们就不得不躲入洞穴之中，饿着肚子，直到野兽退散。在这种生活条件下，人们经常食不果腹。

伏羲见到如此景象，立志要改善人们的生活，让人们可以有足够的食物食用。

经过多天的研究，伏羲制作出了渔网。他教人们把绳子结成渔网，然后用渔网捕鱼。此外，他还发明了捕鸟、兔子等小动物的方法。利用这些方法，人们每天都可以捕捉到很多动物。一时间，人们都不再担心饿肚子了。

然而,伏羲并没有因此止步。他发现人们一直生吃食物,因此经常生病,就开始想其他食用食物的办法。他教人们用火烤食物,用水煮食物。这样一来,人们不仅能吃饱,还能享受到更美味的熟食。

再后来,伏羲又利用自己的智慧教人们豢(huàn)养动物,驯服牛马;教人们用蚕丝纺织,制作衣服;与女娲共同发明琴瑟,创作乐曲,用于宗教、巫术、占卜等活动;制定姓氏,将人们分为不同的氏族;制定嫁娶礼仪。久而久之,人们的生活变得越来越文明。

有一天,他观察星星、月亮时发现,时间和星月有着一定的联系。于是,他又开始研究天象。他每天都用树枝在地上写写画画,反复推演。最后,他完成了一个非常伟大的东西——八卦图。

他用"乾"这种符号代表天,用"坤"代表地,"坎"代表水,"离"代表火,"艮(gèn)"代表山,"震"代表雷,"巽(xùn)"代表风,"兑"代表泽。这八种符号之间相互贯通,又相互对立,存在着微妙的平衡关系。

八卦图发明出来以后,伏羲教人们用这八种符号记载万事万物,并利用八卦进行占卜,推演事情的发展,预测吉祥和凶祸以及如何化险为夷。

　　伏羲的一系列举措促进了人类的发展，推进了中华民族文明的进程。于华夏民族而言，他就是无所不能的创世神。

能召唤凤凰的帝王

帝喾（kù）

地位： 华夏民族的人文始祖
地域分布： 生于高辛（今河南省商丘市睢阳区高辛镇）
外貌： 头部像鸟，头顶有两只山羊角，身材瘦小
成就： 知人善任，缔造盛世，制定节气

> 《山海经·海外南经》记载："狄山，帝尧葬于阳，帝喾葬于阴。"据说，帝喾是《山海经》中帝俊的原型，但是在神话故事中，帝喾和帝俊是两个不同的天神。

帝喾，名俊，姬姓，高辛氏，是黄帝的曾孙，帝尧、帝挚的父亲，中华上古时期部落联盟首领，华夏民族的共同人文始祖。帝喾时代可以称得上是上古时期的太平盛世，他作为一代帝王，不仅养性自律，大公无私，还强调用仁德治天下，因此在百姓中以诚信著称。

帝喾从小聪明好学、德行高尚，深受父亲和族人的喜爱。他在十五岁的时候就被封为辛侯，三十岁时就继承了父亲的帝位。他成为部落首领之后，能够体察民意，时刻为百姓着想。

在当时的农业社会，农耕是人们最重要的生产方式。帝喾为了能够让百姓拥有沃土，避免洪水灾害，做出了一个重要的决定——迁都亳州。当时的亳州由六分平原和四分丘陵构成，人们可以利用这个优越地形躲避灾害。

当山下起了洪水，百姓就可以迁移到高山上；等到洪水退去，百姓就又可以重返平原。这样一来，人们都能够避免水患。

不仅如此，帝喾为了部落的安定，平复了共工氏的余部，将他们

从黄河流域赶到了长江流域,还击退了犬戎部落。做完这些事情后,他又着手内政,让部落内部越来越团结。

当了解到百姓都是根据太阳的变化来耕种,每天日出而作日落而息,没有科学的分配作息时间之后,帝喾便开始学习天文地理,探索天象,研究世间万物的变化规律。经过一番钻研,他制定了二十四节气。

他将春夏秋冬划分成二十四个时令,然后让人们按照二十四节气规划农业、畜牧业。经过他的规划,部落的生产力得到了快速发展,农耕文明也进入一个全新时代。

帝喾有四个妃子:元妃姜嫄(yuán)的儿子后稷,成为西方周民族的始祖;次妃简狄的儿子契,成为东方殷商民族的始祖;妃子庆都的儿子尧,成为著名的仁君;妃子邹屠氏的女儿生下了八个富有神性的儿子,这八个儿子被人们称为"八神"。

除此之外,帝喾还有两个儿子,分别叫作阏(è)伯和实沈,这两个儿子一见面就会动手打架,并且不断寻衅厮杀。帝喾为此多次劝诫他们要互敬互爱,但是他们依旧水火不容,经常寻机闹事。帝喾无奈之下,只好把他们两个分开,让阏伯去主管东方的商星,实沈主管西方的参星。

帝喾还非常喜爱音乐,他让自己的乐师咸黑制作了六英、六列、九招等歌曲,还让下属制作了钟、磬、鼙(pí)鼓等乐器,还经常让六十四名舞女穿着五彩衣裳,随着音乐跳舞。据传,每次音乐响起的时候,凤凰、大翟等许多的名贵仙鸟都会飞到殿堂,与舞女一起翩跹起舞。人们都觉得,是因为帝喾非常贤明,才能招来凤凰起舞。

中华"人文初祖"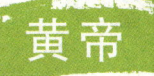

地位： 远古时代华夏民族的共主，五帝之首，中华"人文初祖"
地域分布： 居轩辕之丘（今河南新郑）
外貌： 天生四张面孔，能同时聆听四面八方的动静
成就： 播百谷草木，大力发展生产，建舟车，创医学，统一华夏部落

> 《山海经·海内经》记载："有九丘，以水络之：名曰陶唐之丘、叔得之丘、孟盈之丘、昆吾之丘、黑白之丘、赤望之丘、参卫之丘、武夫之丘、神民之丘。有木，青叶紫茎，玄华黄实，名曰建木，百仞无枝，上有九欘（zhú），下有九枸，其实如麻，其叶如芒，大皞（hào）爰过，黄帝所为。"可见，黄帝对华夏民族有着巨大的贡献。

黄帝本姓公孙，后改姬姓，故称姬轩辕，是古华夏部落联盟首领，中国远古时代华夏民族的共主。他征服了东夷、九黎族等多个部落，统一了华夏，并且教会先民播种百谷草木，开始制作衣冠、舟车，开创医学，是中华民族的文明先祖。

在成为中央天帝之前，他和炎帝[1]、蚩尤[2]、刑天[3]进行过激烈的战争。

炎帝所在的姜水流域距离黄帝所在的姬水流域很近，他们两个虽然是同族兄弟，但是互相不能容让。后来，黄帝在阪泉之战中打败了

---

[1] 炎帝：是中国上古时期姜姓部落的首领尊称，号神农氏。
[2] 蚩尤：是上古时代九黎部落联盟的酋长，也是牛图腾和鸟图腾氏族首领，有兄弟八十一人。
[3] 刑天：是中国远古神话传说人物，手使一柄巨斧和盾牌、身强力壮、体型巨大的上古巨人。

炎帝。炎帝失败后，退到了南方。

然而，炎帝的后裔和属下并不想就此屈服于黄帝，他们又接连和黄帝发起战争，开始激烈的争斗。

首先是炎帝的苗族后裔蚩尤，他是南方的巨人族，家里有八十一个兄弟，个个异常勇猛。蚩尤见炎帝失败后毫无斗志，就带着自己的兄弟制作了各种长矛、盾牌、刀剑等兵器，召唤了山林水泽中的魑（chī）魅（mèi）魍（wǎng）魉（liǎng）[1]，杀向黄帝。

黄帝立刻调集四方鬼神和部族士兵，还有各种野兽，在涿鹿与蚩尤进行大战。为了把蚩尤除掉，他还请了女魃（bá）和九天玄女，让她们帮助他出谋划策。

在九天玄女的指导下，黄帝用神兽夔（kuí）的皮制作了一面鼓，又用雷兽的骨头制作了一对鼓槌，然后拿着用赤铜铸造的宝剑，前去应战。这场战争打了好久好久，最后黄帝终于生擒了蚩尤，将蚩尤斩首。

炎帝手下的大将刑天知道后，愤愤不平，一手握盾，一手持斧，一路杀到了黄帝的地方。激战中，黄帝看准机会，一剑砍掉了刑天的头颅。

之后，黄帝又东征西讨，平定了大大小小数十个反叛的部落，终于稳定了天下领袖的地位，成为中央天帝。

后来，他又发挥自己的聪明才智，创造各种各样的东西。一天，他在河畔休息的时候，看到蚂蚁在河里的一片树叶上漂浮着，心想如果有足够大的东西能够漂浮在水面上，那人岂不是也可以在水上游走了。

他把这个想法告诉了大家，大家一起出主意，把树干从中间掏空，然后坐在上面。这样一来，人真的能在河里游走了。后来，他们又用木头做了桨。这就是我国最早的船，在当时人们把它称为"舟"。

黄帝在位期间，国势强盛，文化进步，除了舟之外，还有文字、音乐、宫室、衣裳、指南车等多种发明。据传，帝尧、帝舜、帝禹都是他的后裔。

---

[1] 魑魅魍魉：古代传说中的鬼怪。

06 牛首人身的五谷神农大帝
炎帝

地位：五谷神农大帝
地域分布：黄河中下游，姜水地区（一说是今宝鸡市清姜河，一说是宝鸡市岐水）
外貌：牛首人身
成就：亲尝百草，用草药治病，发明耕种农具，制造陶器和炊具

《山海经·海内经》记载："炎帝之孙伯陵，伯陵同吴权之妻阿女缘妇；缘妇孕三年，是生鼓、延、殳（shū）。殳始为侯，鼓、延是始为钟，为乐风。"炎帝的后代众多，他们都为华夏民族的进步做出了一定的贡献。

炎帝号神农氏，又号魁隗氏、连山氏，别号朱襄，是中国上古时期姜姓部落的首领，被道教尊为神农大帝，又被称为五谷神农大帝。

相传，炎帝出生的时候，大地上就涌出了九眼井。九眼井的水彼此相连，汲取其中一口井的水，其他八口井也会随之产生波动。因此，部落里的人都认为炎帝拥有神力，就是他们的首领。

炎帝当上首领之后，看着人们依靠打猎、采摘野果为生，生活没有保障，非常忧心。他下定决心要帮助人们找到可以耕种的粮食，保障人们每天都可以吃饱。

为此，他离开部落，每天跋山涉水，寻找人们可以吃的谷物。最后，他在南方一个山清水秀的地方发现了可以食用的谷种，就把这种谷种带回了部落。他教人们在春天耕种谷种，然后按时浇水施肥。

人们按照炎帝说的去做，到了秋天收获了大量的粮食。从此，年年五谷丰登。为了感念炎帝的功德，他们尊称炎帝为"神农"。

炎帝看到人们能够安居乐业，每天有食物可以吃，非常高兴。不过，他并没有就此止步。他看到人们大多面部黄肿，患有各种疾病，饱受病痛之苦，心中十分不安。于是，他又踏遍三山五岳，开始采集各种草药。

在采药的过程中，他不清楚每种草药的药性，只好亲自尝试，试探它们的药性。为了分清草药是否有毒，他在自己的衣服上做了两个口袋，左边的口袋用来放有益的草药，右边的口袋放有毒的草药。

有时候，他尝到有益的草药，感觉全身舒畅；有时候，他尝到有毒的草药，便觉得难受至极。甚至，有时候他一天会中毒几十次。但是，他并没有就此放弃，坚持亲自尝试每种草药。

就这样，他尝遍了百草，试出了所有草药的药性，将不同性质的草药分开各置一处，然后请大夫编制成医书，用于治疗疾病。人们的疾病因此好转，也远离了病痛。

后来，他同族的兄弟黄帝开始崛起。他们两个在治理部落上产生了分歧，因此双方在阪泉进行了一场大战。战争非常激烈、残酷，双方的部落都损失惨重。最后，以黄帝战胜而告终。

这一战之后,炎帝知道自己的时代已经结束了,于是顺应潮流,选择了隐退。他去了偏僻的南方,做了掌管南方的天神。之后,他和火神祝融[1]一起治理南方,掌管着一年四季中的夏季。

---

[1]祝融:即重黎,颛顼的玄孙。又是三皇五帝时夏官火正的官名。

勇猛无比的兵主战神
蚩尤

地位： 兵主战神
地域分布： 九黎之都（今河北省涿鹿县境内）
外貌： 面如牛首，背生双翅
成就： 兴农耕，冶铜铁，制五兵，创百艺，明天道

> 《山海经·大荒北经》记载："有人衣青衣，名曰黄帝女魃。蚩尤作兵伐黄帝，黄帝乃令应龙攻之冀州之野。应龙畜水，蚩尤请风伯、雨师，纵大风雨。黄帝乃下天女曰魃，雨止，遂杀蚩尤。魃不得复上，所居不雨。叔均言之帝，后置之赤水之北。叔均乃为田祖。魃时亡之，所欲逐之者，令曰：'神北行！'先除水道，决通沟渎。"这描述的就是黄帝和蚩尤大战的场景。

蚩尤是上古时期九黎部落联盟酋长，是中国上古神话故事中的兵主战神。相传蚩尤面如牛首，背生双翅，有兄弟八十一人，他们个个铜头铁额，八条胳膊，本领非凡。他还发明了金属冶炼，制造了金属兵器，开创了人类使用金属工具的时代。

遥远的上古时期，炎帝和黄帝在阪泉进行了一场激战，最终黄帝战胜了炎帝，炎帝因此败退到南方。炎帝的苗族后裔战神蚩尤见炎帝没有斗志，心急如焚。他不顾炎帝的阻拦，亲自带着自己的八十一个兄弟在涿鹿与黄帝展开了一场战争。

蚩尤的部落善于制造各种兵器，无论是锐利的长矛、牢固的盾牌，还是沉重的斧钺、轻巧的刀剑，他们都能制造出来。他们利用这些兵器，再加上山林水泽中的魑魅魍魉，九次战胜黄帝。

蚩尤的部落乘胜追击,又请来了风神和雨神助战。一时间,天昏地暗,狂风大作,雷电交加,暴雨倾盆而下。黄帝战队无法在暴雨中作战,一时落入下风。蚩尤见此,带领战士们想要将黄帝一网打尽。

然而,黄帝及时请来了旱神。旱神见天空风雨交加,急忙施展法术,驱散了风雨。刹那间,风雨停息,晴空万里。

蚩尤又用巫术制造了一场大雾，这场大雾笼罩着整个大地，致使五步之外，不见人影，不辨东西，黄帝部队因此被困在迷雾之中。蚩尤趁机带着自己的兄弟横冲直撞，让士兵左劈右砍，魑魅魍魉用怪声迷惑众人，让人失去知觉。就这样，黄帝的部队被打得七零八落，惨叫声不绝于耳。

黄帝部队被困了整整三天后，黄帝的臣子风后偶然看到了天空上的北斗七星，他因此受到启发，制作了指南车。利用指南车，黄帝部队得以辨别方向，逃出迷雾。

为了战胜蚩尤，黄帝请来了女魃和九天玄女帮助自己。他在九天玄女的指导下，用赤铜铸造的宝剑、神兽夔的皮制作的鼓以及雷兽骨头制造的鼓槌来对付蚩尤。蚩尤部队被鼓震得手颤足麻，无法跳跃飞腾，魑魅魍魉也被震得魂飞魄散。

黄帝见蚩尤部队大势已去，先后杀死了蚩尤的八十一个兄弟，并生擒了蚩尤。他命令下属给蚩尤戴上枷锁，处死了蚩尤。因为害怕蚩尤会死而复生，黄帝还将蚩尤的头和身子埋葬在两个相距很远的地方。而蚩尤戴过的枷锁则被扔在荒山上，最后化成了一片枫林。据说，枫林中每一片血红的枫叶，都是蚩尤留下的斑斑血迹。

后来，黄帝敬畏蚩尤的勇猛形象，又把蚩尤画在军旗上，以此来鼓舞自己的军队要勇敢作战，也以此来恐吓其他部落。因为蚩尤的形象勇猛威武，极具威慑力，所以，在中国古代传说的历史上，有了"兵主战神"的称号。

文武双全的古昔圣王

帝尧

地位： 中国上古圣王
地域分布： 尧山（今河北省唐县至望都县一带的滹沱河流域）
外貌： 身形健硕
成就： 制定历法，教民按时农作，制定"禅让制"

《山海经·海外南经》记载："狄山，帝尧葬于阳，帝喾葬于阴。"相传，帝尧是帝喾的儿子，德行出众，成为帝王后，深受百姓爱戴。

帝尧，又称唐尧，中国上古帝王之一。尧做帝王的时候，是一个非常关心百姓、体察民生疾苦的国君，百姓都十分爱戴他。

相传，帝尧的母亲是帝喾的第三个妃子庆都。一天正午时分，庆都乘着小船在湖上游览观光。忽然，刮起一阵狂风，一条赤龙围绕着庆都旋转。直到傍晚，狂风才停，赤龙留下一幅画后，也飞身离去。

第二天，庆都竟然怀了身孕。过了十四个月之后，庆都生下一个儿子。奇怪的是，这个孩子和赤龙留下的画中人物一模一样。后来，庆都为他取名为尧。尧长大后，成为帝王。

虽然尧出身尊贵，但是他从来不喜奢侈。传说他和贫苦的百姓一样，住在用茅草盖的草屋中，里面的柱子和房梁也都是用尧亲自上山砍伐的木头制作而成的。不仅如此，他还和普通百姓一样，每天喝野菜汤，吃糙米饭，穿用一种叫作葛的植物制作而成的麻布衣服，用土碗、土盆盛放东西。

他过着艰苦的生活，却从来没有抱怨过，而是心怀百姓。每每看

到有人吃不饱穿不暖,他就认为是自己没有为百姓提供充足的粮食;每每看到有人犯了罪,他就认为是自己没有管理好部落。正是因为他以天下为己任,百姓才非常爱戴他。

天帝知道了他的德行后十分感动,于是给了尧十种吉祥的预兆,表示上天对他的嘉奖。

尧的庭院中出现了一种叫作蓂(míng)荚的草。这种草从每月初一开始,一天长出一个豆荚,长到十五个之后,又开始每天掉一个豆荚。等到所有豆荚都掉光的时候,正好是一个月的时间。尧发现蓂荚生长的规律,便用它作为部落举行活动的日历。

部落的西海中还出现了一种叫作槎(chá)的植物。这种植物有时候很大,有时候很小。晚上的时候槎漂浮在海上,发出像明珠一样的光芒,白天的时候槎的光芒又会熄灭。因此,人们把它叫作贯月槎。

还有一种叫作蒲的草,也生长在尧的庭院中。这种草的叶子非常宽大,天气热的时候就会自动摆来摆去,为尧扇风。

这些神奇的迹象让人们更加相信,尧是天帝任命的国君,便将尧奉为圣贤。从此,尧的声名远播。

后来,尧年老的时候,开始思虑王位继承的问题。他有一个儿子叫作丹朱,但是丹朱为人骄傲暴虐,稍微有点不如意就会大发脾气。尧知道丹朱能力不强,不适合做君主,于是便教丹朱下棋,以此来改变丹朱的心性。

不过,丹朱的心性一时很难改变。尧就把四方部落首领找来,让他们推荐更合适的君主。没想到的是,他们都一致推举舜。尧经过一番考察后,发现舜果然是一个德行好的人,就把帝位禅让给了舜,并把自己的两个女儿娥皇、女英嫁给了他。

眼睛有双瞳仁的华夏贤王
帝舜

地位： 华夏贤王
地域分布： 冀州（今河北），后定都蒲阪（今山西省永济市）
外貌： 眼睛奇特，每只眼睛里面都有两个瞳孔
成就： 孝顺父母，仁爱百姓，治理洪水

《山海经·海内南经》记载："苍梧之山，帝舜葬于阳，帝丹朱葬于阴。"舜一生孝顺父母，仁爱百姓，被人们称为"华夏贤王"。

帝舜，姓姚，名重华，尧帝的女婿，传说中的原始社会后期部落首领。舜二十岁时，他的孝行已经众人皆知。三十岁时，恰逢尧访求有才德可任用的人才，四方群臣都推荐舜当帝王。

舜的父亲叫作瞽（gǔ）叟（sǒu），是一个是非不分的人。有天晚上，瞽叟梦见一只凤凰衔着稻米来喂他，然后说它是来做他的子孙的。第二天，瞽叟醒了，就发现自己的妻子怀孕了。

后来，他的妻子给他生了一个儿子，他们给孩子取名为舜。舜天生眼睛奇特，每只眼睛里面都有两个瞳孔，因此又叫作重华。

不久，舜的母亲过世。他的父亲又娶了一个妻子，这个妻子也生下了一个儿子，名字叫作象。象出生后，后母就对舜百般刁难。瞽叟和象在后母的影响下，也觉得舜不是一个好孩子，也和后母一样排挤舜。

舜虽然过得艰难，但还是时常以德报怨。他处处尊敬、孝顺父母，爱护弟弟象。他的德行让人感动，民间到处都传扬着他的孝顺事迹。无奈家里人都不容他，他只好搬出来，独自居住在山脚的茅草

屋中。

当时的首领帝尧听说了舜的事迹后，决定考验舜一番。于是，他把两个女儿娥皇、女英嫁给了舜。

舜结婚后，对待家里人还是和从前一样孝顺、友爱，娥皇、女英也十分懂事，一直帮助舜操持家务，侍奉公婆。

即使是这样，后母和象的坏心肠也没有改变，他们每天都想着害死舜，好占有舜拥有的一切。

这天，象假意邀请舜来家里喝酒。娥皇、女英知道后，先让舜用神药洗了一个澡，再去赴约。

到了家里，象和后母一直给舜灌酒，想要等舜醉了用斧头砍死他。但是，不知道为什么，舜把家中的酒都喝光了，还是醉不了。后母和象见家里的酒菜都被舜吃光了，只好放舜回去了。

尧知道这件事情后，认为舜的确如传说中那样孝顺、有才干，就把帝位禅让给了舜。舜做了帝王之后，依旧对家里人孝顺、友爱。后母、象、瞽瞍终于被舜打动，并在舜面前做了忏悔。

到了晚年，九嶷（yí）山[1]发生战乱。舜同情那里的百姓，便不顾年迈的身体，只带了几个随从去九嶷山视察。娥皇、女英不放心舜，随后也追了过去。但是，等她们追到洞庭湖的时候，人们告诉她们，舜已经在南方苍梧之野病逝了，被埋葬在九嶷山下。

娥皇、女英肝肠寸断，在竹林间痛哭，竹子因此沾满了她们的斑斑泪痕。最后，她们投湘水而亡，成为湘水之神。那些沾满她们的泪水的竹子，也被人们称为"湘妃竹"。

---

[1] 九嶷山：又名苍梧山。位于九嶷圣地、德孝之源，国家历史文化名城。

10 窃帝之息壤治水的治水大员

鲧（gǔn）

地位：治水英雄
地域分布：崇地（今河南登封市嵩山周围）
外貌：人首蛇身
成就：治理洪水

《山海经·海内经》记载："洪水滔天，鲧窃帝之息壤以堙洪水，不待帝命。帝令祝融杀鲧于羽郊。鲧复生禹。帝乃命禹卒布土，以定九州。"鲧治理洪水九年，虽然没有成效，但是他立志治理洪水的精神依然让世人感动。

鲧是黄帝的六世孙，夏朝开国君主大禹的父亲，生活在尧的时代。

尧在位的时候，发生了巨大的洪水灾害，大地到处被铺天盖地的洪水淹没。老百姓的房子都被洪水冲走了，没有地方可以居住，只能像鸟儿一样在树上筑巢，像野兽一样在山顶住洞穴。

手无缚鸡之力的百姓每天忍受着饥饿、病痛和寒冷的折磨以及野兽毒虫的侵害，日子过得苦不堪言。

尧看到百姓的困境，整天忧虑不安。他召集所有的大臣，商讨如何应对洪水。大臣们都向尧举荐鲧，于是尧就派鲧去治理洪水。

鲧治水的时候，一直采用填埋堵塞的方法。但是，洪水太多了，可用的土壤都用完了，也堵不住洪水。这时，一只乌龟告诉鲧，天帝有一种叫作息壤的宝物。这件宝物碰到水，就会生长出无穷无尽的土壤，用它可以轻而易举地治理好洪水。

鲧听完，就打算去天庭偷取息壤。他听说息壤藏在天帝的宝座下面，便悄悄来到帝座后面，把息壤偷了出来。

回到人间后，鲧在洪水泛滥的地方撒下一把息壤，神奇的息壤就化作了万里长堤，把汹涌澎湃的洪水挡在了外面。不一会儿，堤内的洪水也消失了，一大片原野出现在人们面前。

本来已经绝望的百姓，看到大地重新展现出来，顿时充满了希望。他们知道是鲧治理了洪水，解救了他们，就一心想要推举鲧为王。一时间，千万百姓同时欢呼。

不料，欢呼声惊动了天帝。他发现鲧竟然私自窃取了息壤，立刻把息壤收了回来。这样一来，被暂时堵住的洪水又倾泻出来，平旷的原野又变成汪洋大海。百姓还没来得及建造房屋，又被迫到树上、山顶上生存。

鲧悲伤不已，他请求天帝将息壤赐给百姓。然而，天帝盛怒之下，不但没有答应鲧的请求，还派火神祝融去杀害鲧。最后，鲧在羽山被祝融杀死了。

不过，鲧的肉身虽然已经没有了生命，他的精魂却因为冤情未解一直没有消散。鲧借助着精魂的力量，保护自己的肉身三年没有腐烂。不仅如此，他的身体还变得越来越大，肚子里面似乎还孕育着一个新的生命。

不久，这个新的生命诞生。舜为他取名为禹，并告诉他希望他可

以完成治理洪水这份事业。禹长大后,继承了父亲的遗愿,开始治理洪水,并且颇有成效。

三过家门而不入的贤圣帝王
帝禹

地位：夏后氏首领，夏朝开国君王
地域分布：生于汶山石纽地区，后东迁中原地区
外貌：身高九尺二寸
成就：治理洪水，划定中国版图为九州

> 《山海经·海内经》载："帝俊生三身，三身生义均，义均是始为巧倕，是始作下民百巧。后稷是播百谷。稷之孙曰叔均，是始作牛耕。大比赤阴，是始为国。禹、鲧是始布土，均定九州。"此处也说明大禹是创立九州的君主。

禹，姓姒，史称大禹、帝禹，是夏朝开国君主，是与帝尧、帝舜齐名的贤圣帝王。相传，禹治理洪水有功，受舜禅让继承帝位。他在位期间，治理洪水，划定九州，所做功绩被世人敬仰。

据传，大禹的父亲是鲧。鲧治理洪水没有成功，被火神祝融在羽山诛杀而亡。后来，鲧的精魂孕育出一个新的生命，依靠其肉身而诞生。这个新的生命就是大禹。

大禹出生后，时刻谨记父亲的遗愿，立志要成功治理洪水。最初，大禹使用鲧的方法，用填埋堵塞的方法来治理洪水。但是，治理良久，始终不见成效。大禹细细思虑之后，决定反其道而行之，用疏导的方法来治水。

他骑在旋龟背上，用息壤来填平深渊，然后指挥曾经帮助黄帝打仗的应龙用尾巴划地，帮助百姓挖掘河道，把洪水引入大海之中。

治水的过程中，大禹不辞辛苦，常年跋涉于沼泽地带，树枝挂住了帽子也不顾,泥泞弄脏了鞋子也不管,就这样一日复一日,不停走访勘察。长年下来,他劳累得大腿上没有了肉,小腿上没有了毛,腰背一直佝偻着无法直立。后来,后人把弯腰驼背的走法称为"禹步",用此歌颂他的功德。

就这样,大禹治理了十三年的洪水。在这十三年里,大禹曾经三次经过自己的家门。他十分想念自己的家人,但是他想到洪水还在危害人们,便顾不得私情,面不改色地从家门走过,坚定地转身投入治水工程中。

大禹一共开掘了三百条大河、三千条支流、上万条小沟渠,以此疏通大地上的洪水,让洪水都流入五湖四海之中。最终,大禹成功平息了洪水,恢复了大地往昔的生机,百姓也得以安居乐业。

这时候,尧已经逝世,身为首领的舜也已经年迈。在百姓的拥戴之下,舜将帝位传给了大禹,还送给他一块叫作玄圭的玉石。这块玉石上方下圆,据说拥有神奇的力量。

大禹登上帝位之后,丝毫不曾懈怠,继续治理国家,为百姓做贡献。他为了更好地管理天下,把天下分成了冀州、兖州、青州、徐州、扬州、荆州、豫州、梁州、雍州九个州。

后来,九州的百姓感念他的恩德,给他送了很多铜。大禹就让工匠把这些铜铸造成九只宝鼎,鼎上刻着各种妖魔鬼怪和野兽毒虫的图像,以此帮助人们辨别有害的东西,避免野兽鬼怪侵扰百姓。百姓为了感谢大禹的恩德,就把这些宝鼎称为"禹鼎",并且认为大禹是能辨认奸邪的贤明君主。

后来,大禹在归天之际,将帝位传给了他的得力助手伯益。伯益懂鸟兽语言,十分聪颖。在他的治理之下,天下也一片太平。

12 华夏共同人文始祖

颛顼（zhuān xū）

地位：华夏人文始祖之一
地域分布：封地于高阳（今河南省开封市杞县高阳镇）
外貌：身体矫健，额阔如盾牌
成就：制定历法

《山海经·海内经》载："流沙之东，黑水之西，有朝云之国、司彘之国。黄帝妻雷祖，生昌意。昌意降处若水，生韩流。韩流擢（zhuó）首、谨耳、人面、豕喙、麟身、渠股、豚止，取淖（zhuō）子曰阿女，生帝颛顼。"

颛顼，姬姓，高阳氏，是黄帝的曾孙，上古部落联盟首领，华夏人文始祖之一。他的父亲韩流长着修长的脖子，小小的耳朵，猪的嘴巴，麒麟的躯干，两条腿连在一起。他的母亲女枢因为看见瑶光之星穿过月亮，有感而怀孕，最后生下了颛顼。

颛顼从小聪明能干，深受父母的喜爱。他长大成人后成为北方的天帝，和海神禺强共同掌管着北方的原野。

后来，中央天帝黄帝年迈，就让颛顼代使皇权，管理整个天下。颛顼登上帝位后，厉行改革，实施了很多政策。

颛顼做的第一件事情就是隔断天地之间的通道。

虽然盘古当初开天辟地，把天和地相隔九万里，但是当时的人们还可以沿着天梯一步步登天，神仙也可以沿着天梯进入凡间。颛顼接受了蚩尤部落反叛的教训，觉得必须把神和人分开，叫人不能上天，神仙不能下地，才能维持天地间的和平。

于是，他命令重、黎两个神仙把天地间的通路隔断。重、黎领

命后，各自伸出一只巨大无比的手，一个将天不断地往上托，一个将地不断地往下按，直到天地相隔得很远很远。颛顼又命令重专门管理天，黎专门管理地，从而维持天地间的秩序。

在此基础上，他继续完成黄帝统一中原的事业，为了民族团结统一不懈努力。为此，他严格管理各部落，并且禁止部落习巫教，命令人们顺从黄帝的教化，这些举措都促进了民族和民族之间的融合。

据传，颛顼统领的疆域，北到现今的河北一带，南到南岭一带，西到现今甘肃一带，东到东海一带，极其辽阔。在他的管辖范围内，从人到动物，再到植物，凡是沐浴在日光月华下的东西，都属于他。

不仅如此，颛顼还是一位博识的人，他根据日月运行的规律制定了春、夏、秋、冬四季，还命令重和黎编制了历法。这个历法将一年定为360天，后被人们称为"颛顼历"。

颛顼的子孙众多，遍布大江南北。他有一个儿子叫作梼（táo）杌（wù），他长着长长的毛发，野猪的牙齿，老虎的爪子，十分凶猛，没有人可以制伏他。颛顼还有一个女儿叫作九头鸟，她披上羽毛就可以迎风飞翔，脱下羽毛就会变成一个女人。

还有一个颛顼的后代，带领部落里的人发展，所建立的国家最终成为南方的楚国，在战国时期是最为强盛的国家之一。

后来，人们将颛顼奉为"华夏民族的共同人文始祖"，认为他是奠定华夏根基的重要人物之一，还把他列入三皇五帝之中。

13 农耕业的始祖

地位：司农之神，农神

地域分布：出生于稷山（今山西稷山县）

外貌：长相怪异

成就：辅佐大禹，教民耕种，树艺五谷

> 《山海经·大荒西经》载："有西周之国，姬姓，食谷。有人方耕，名曰叔均。帝俊生后稷，稷降以百谷。稷之弟曰台玺，生叔均。叔均是代其父及稷播百谷，始作耕。有赤国妻氏。有双山。"其中，稷就是后稷，他播种五谷，促进了农业发展。

后稷，姬姓，名弃，是黄帝的玄孙，帝喾的嫡长子，母亲是帝喾的元妃姜嫄。尧舜时期，后稷为司农之神，他建立了第一个粮食储备库，并且赐给百姓种子，因此又被人们尊称为"农神""耕神""谷神"。

上古时期，帝喾娶了有邰氏的女子姜嫄为妻。他们结为夫妻之后，一直没有孩子。这天，姜嫄为了散心，来到山野之中。走着走着，她看到一个巨大的脚印，一不小心踩进了脚印里面。

突然，她感觉身心似乎受到了莫名的震动，然后居然怀孕了。孕期满十个月之后，姜嫄顺利生下一个儿子。人们都觉得这个孩子来历不详，会给部族带来厄运，就想把这个孩子扔掉。

第一次，人们把他扔到一个狭窄的巷子里。然而，巷子里的牛马等牲畜看到他，不仅不会伤害他，还会给他喂奶，怕他饿着。所以这个孩子在巷子里待了一个月，仍然安然无恙。

　　第二次，人们又抱着他来到山林，想把他扔到荒郊野外。但是，山林里有很多人正在砍伐树木，他们不敢在众人面前丢弃他，只好又抱着他找别的地方。

　　最后，他们找到一条小河，河面已经被冻住了。他们想着在这种冰天雪地的天气里，这个孩子肯定没有办法活命，就把孩子遗弃在河面上。

　　没想到的是，他们刚把孩子放到河面上，一群鸟儿就飞了过来。它们环绕着这个孩子，有的还钻到孩子的身体下面为孩子取暖，保护着孩子。

　　人们觉得奇怪，开始猜测，这个孩子是不是有神明的庇佑，所以一直死不了。想到这里，他们又开始害怕上天惩罚他们，赶紧把孩子抱了回来，还给了姜嫄。姜嫄见到自己的孩子，高兴不已，她给孩子取名为"弃"。

　　弃从小聪明伶俐，智慧超群，还有着一种神奇的能力。每当他把瓜、豆子、青麻等植物的种子撒到土地上，这些植物就会长得非常茂

盛,并且还会结出很多果实。

长大后,弃的神奇能力更加出众。他只要看一眼土地,就知道土地适不适合种植粮食以及适合种植哪种粮食。凭借着弃的本领,部族里的人种植了很多粮食,每年都能获得大丰收,人们的日子也因此变得越来越幸福。

帝尧知道这件事情后,认为弃有发展农业的天赋,就封他为农师,让他负责各部族的农业生产。弃成为农师之后,不仅让自己的部族更加繁荣,也带领其他部族走上繁荣的道路,人们因此衣食无忧。

后来,舜继承了帝位。他听到百姓都在歌颂弃的功德,就封弃为有邰氏首领,称号为"后稷"。后稷带领部族的人不断发展,建立了周族,部族的人们都过得十分富足。

中篇

超级英雄

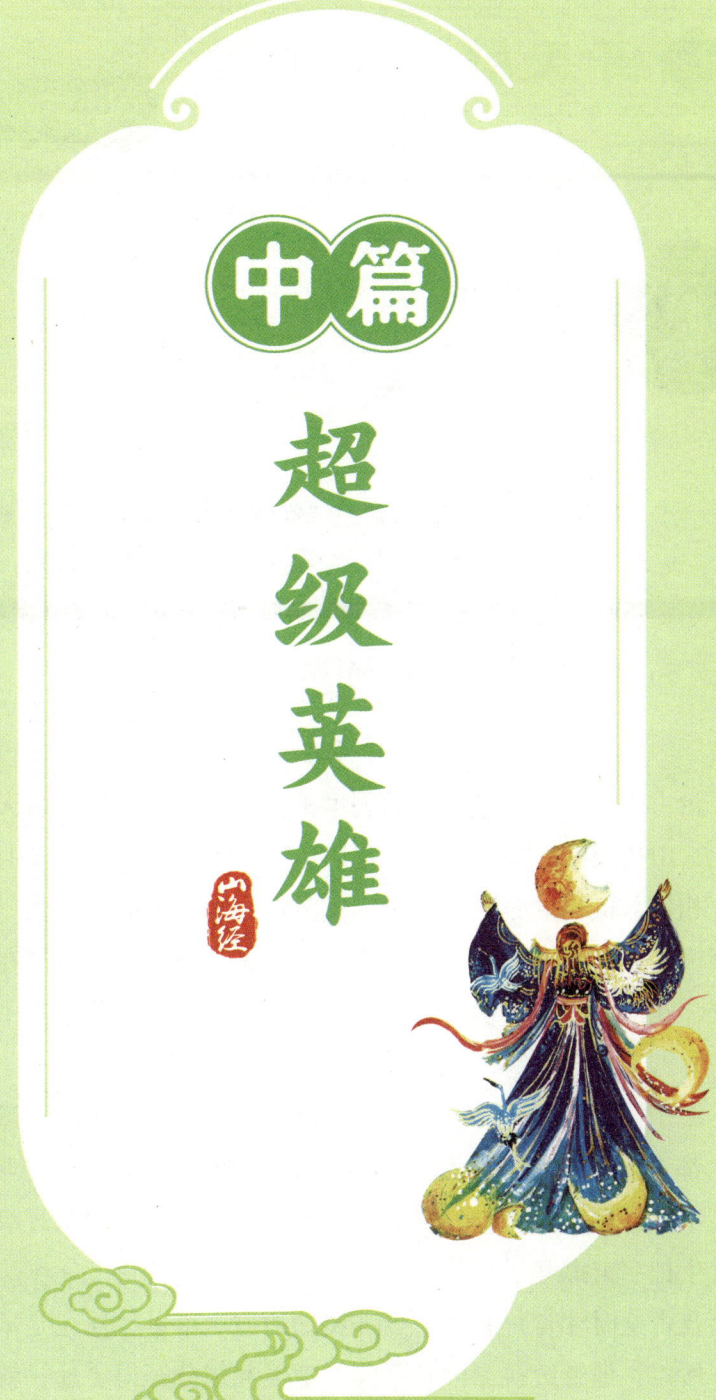

14 开天辟地的英雄

盘古

地位：创世神
地域分布：混沌
外貌：日长一丈，力大无穷
成就：开天辟地

> 《山海经·大荒西经》载："有神十人，名曰女娲之肠，化为神，处栗广之野，横道而处。"《山海经》中虽然没有盘古的记载，但是关于女娲的记载其实就是盘古的最初源头，后来的人们就是根据女娲的形象，创造了盘古这一创世神形象。

盘古是中华神话传说中的创世神，是他开天辟地，将天地分开。至此，山川湖泊才得以出现，花草鱼鸟、飞禽走兽才得以生存。

相传，最初的时候，整个宇宙就像一个硕大的"鸡蛋"，里面黑暗至极，万物都混杂在一起，难以分辨，天空和大地也连在一起无法分开。在混沌之中，孕育着一个叫作盘古的人，他在宇宙中整整沉睡了一万八千年。

终于，有一天，盘古醒了。他睁开眼睛看了看周围，黑暗一片，什么都看不见。他想要张开双手双脚，却发现自己被束缚在混沌之中，不能伸展。盘古十分气恼，猛地站了起来，用力张开双手双脚，竟生生把宇宙撑开了。

盘古这时才觉得有了一点伸展的地方。不过，他还是觉得有些拘束。所以，他继续拼命伸开手脚，把天和地分开得更远。就这样，支撑了整整一万年，宇宙终于变得开阔起来，天空一望无垠，大地也无

边无际。

盘古看着辽阔空旷的天地,心中非常舒畅。他自由地舒展着四肢,在天地间漫步,看着清澈的东西慢慢往上升,变成云朵,混浊的东西慢慢往下沉,变成大地上的尘土。

有一天,他突然想到,天地间的万物就这样慢慢不断变化着,那会不会有一天天地又重新合在一起,到时候他是不是又要生活在狭小的"鸡蛋"之中了。想到这里,他决定继续支撑天地,让天地之间的距离变得遥不可及,这样就能稳定宇宙了。

他重新张开手脚,双手用力举着天空,双脚用力踏着大地,把天地一点点分得更远。这一站,就是三万六千年。这时的天已经高得看不到顶,地也厚得无法测量,而盘古的身子也被拉得和天地一样高大。

又不知过了几万年,天地终于稳定下来,不再变化。而盘古也失去了所有的力气,倒在了天地之中。他的生命虽然走到了尽头,身体却变成了世间万物。

他呼出来的气变成了白云和清风,他的声音变成了雷霆,眼睛里的光变成了闪电,左眼变成了太阳,右眼变成了月亮,手脚变成了四个天柱,五脏变成了五大名山,血液变成了江河湖海,头发变成了繁星,皮肤和汗毛变成了花草树木,骨头变成了石头、金属、珍珠和玉石,就连汗水也变成了雨水。

从此,宇宙变得绚烂多姿,生机勃勃。后来,女娲在盘古开辟的天地中,创造了人类。人类来到天地之间后,依靠天地万物生存,生活得十分幸福。当他们得知是盘古为他们开辟天地、创造万物后,十分感念盘古的恩情,便将盘古奉为创世神,永远供奉。

15 创造万物的大地之母 女娲

地位：华夏民族人文先始，创世女神，福佑社稷之正神，大地之母

地域分布：华夏

外貌：人面蛇身

成就：造物造人，补天救世

《山海经·大荒西经》载："有神十人，名曰女娲之肠，化为神，处栗广之野，横道而处。"据传，女娲之肠就是女娲最初创造出来的人类，属于女娲的后代。

女娲，又叫作娲皇、女阴，是华夏民族人文先始，是创造万物的自然之神，也是补天救世的女英雄。因为她神通广大，每天至少可以创造出七十样东西，所以又被人们称为"大地之母"。关于女娲的传说有很多种，其中流传最广的当数女娲造人的故事。

相传，天地开辟以后，天上只有太阳、月亮和星星，地上只有草木山川，宇宙中没有一丝生机。就这样，不知道过了多少年，天神女娲从沉睡中醒来。

她独自行走在寂静的田野中，看着周围的风景，感到非常孤独。她不禁想着，为什么世界这么美好，我还是觉得缺点什么东西呢？到底应该添点什么，让世界变得生机勃勃呢？

女娲边想边走，来到一个小水池边。她坐在池边，看到池水里面倒映着自己的影子。她笑，影子中的她也开始笑；她假装生气，影子里的她也做出生气的表情。忽然，她灵机一动，喃喃说道："对呀，虽然世界有了万物，却没有像我一样的生物，我为何不创造出一些像自己一样的生物呢？这样世界就会热闹起来了。"

于是，她顺手从池边拿起一团黄泥，按照自己映在水中的样貌，捏成了一个小泥人。神奇的是，她刚把小泥人放在地上，小泥人就有了生命。它在地面上手舞足蹈，又蹦又跳，嘴里喊着"母亲、母亲"。

女娲看着这个自己亲手创造的生物，不由得满心欢喜，眉开眼笑。她给这个心爱的孩子取名为"人"。

之后，她又继续动手用黄泥创造了许多小泥人。这些小泥人在她身边不停地欢呼跳跃，叫她母亲。女娲看着周围这些小人，心中有说不出的高兴和欣慰。她决定要创造很多很多小人，让这个世界更加热闹。

她用手一个个捏造着小泥人，一直捏到深夜。女娲疲惫不已，只好开始睡觉休息。到了第二天，天刚明，女娲又赶紧起来继续造小泥人。

她想着要让这些生物遍布世界的各个角落，但是世界太大了，她捏了很久很久，也没有让小泥人足够多。

这时，她看到崖壁上垂着一条枯藤，突然有了主意。她把这条枯藤伸入泥潭中，然后用力把泥水搅成泥浆，接着向地面挥洒。这样一来，泥点溅落的地方就出现了许多小泥人。这些泥人和之前的泥人一模一样，都兴高采烈地叫着"母亲"。

女娲就用这种方法，不停地创造着小泥人。不久，大地上就布满

了人类的踪迹。后来,女娲又教人类寻找食物,辨识万物。

慢慢地,人类学会了在大地上生存。然而,女娲又开始担忧另一个问题:人类的生命非常脆弱,如果死亡了该怎么办,还要再创造一批吗?思考了很久之后,女娲想出了一个办法。

她把人类分成男、女两种不同的性别,然后让男人和女人相配,自己创造后代。从此,人类就在大地上不断繁衍,生生不息。

16 制定时历的太阳女神
羲和

地位： 太阳女神
地域分布： 羲和国
外貌： 典雅高贵
成就： 浴日，制定时历

> 《山海经·大荒南经》载："东南海之外，甘水之间，有羲和之国。有女子名曰羲和，方日浴于甘渊。羲和者，帝俊之妻，生十日。"传说，羲和是太阳神帝俊的妻子，为帝俊生下了十个太阳，每天帝俊和羲和都轮流把太阳送上天空，给人间带来光明和温暖。

羲和，中国上古神话中制定时历的女神和太阳女神。羲和这一人物最早起源于远古神话，后来随着时代的发展，她逐渐变成太阳的母亲，再后来又变成驾驭太阳的女神。在人们心中，羲和就是人类光明的缔造者。

相传，在东南海之外，甘水之间，有一个叫作羲和的国家。羲和国有一个叫作羲和的女子，她长得异常秀美。她和南方赤帝的女儿瑶姬从小相识，两人关系非常亲密。

瑶姬喜欢上了太阳神帝俊，但是帝俊并不喜欢她。瑶姬盛怒之下，想要找羲和帮忙教训帝俊。没想到，帝俊看到温柔大方的羲和之后，对她产生了爱慕之情。他一心想要娶羲和为妻，但是羲和久久不动心。

帝俊并没有因此放弃，反而天天来找羲和。久而久之，羲和被帝俊的毅力打动了，答应了帝俊的请求。他们两人结为夫妻之后，生下了十个太阳。羲和看着太阳们一天天长大,心中甚是欢喜。

她看到帝俊每天运送太阳,让阳光在白天普照大地,觉得帝俊非常辛苦,就主动提出要帮助帝俊。

这天,她和帝俊一起来到东海,看到东海之中生长着一棵高大而繁茂的树,树冠直达百里之上的天空。帝俊告诉她,这棵树叫作扶桑,它扎根于海水之下的岩礁上,十分坚韧,树上有一只玉鸡,每天清晨玉鸡都会准时鸣叫,提醒着太阳即将要出来。

帝俊的话音刚落,玉鸡就打了五声鸣。羲和连忙在帝俊的帮助下,把一个太阳放到扶桑树上,顿时阳光洒满大地和大海。片刻后,羲和又和帝俊一起,驾着龙车,将太阳缓缓送往西方的虞渊。

直到黄昏时刻,龙车才到西方的虞渊。羲和和帝俊休息片刻后,又把失去光芒的太阳放进龙车中,送回扶桑树下。这时,羲和看到太阳劳累了一天,身上都脏了,就把太阳放到水里,给太阳沐浴。

就这样,他们俩在鸡叫后,把太阳送到扶桑树梢上,然后,再缓缓将其送往西方的虞渊;等到夜幕降临,又把太阳带回扶桑。羲和每天都给太阳沐浴,把它们洗得干干净净。日复一日,年复一年,太阳在羲和和帝俊的照顾下,每天都按时照耀大地,给人间送去温暖。

后来,人们就把羲和当作太阳女神,认为是她分开了白天和黑夜,制定了人们的时间安排和时历。

生育月亮的女神

地位：月亮之母

地域分布：大荒之中

外貌：温柔美丽，典雅高贵

成就：生育月亮，浴月，制定时历

> 《山海经·大荒西经》载："有女子方浴月。帝俊妻常羲，生月十有二，此始浴之。"常羲和羲和一样，都是帝俊的妻子，她为帝俊生下了十二个月亮，因此被称为"月亮女神"。

常羲，又叫作常仪，是上古神话中生育月亮的女神，被人们称为"月亮之母"。传说中，她与羲和同为太阳神帝俊的妻子，羲和生育了十个太阳，常羲则生育了十二个月亮。

在西方的大洋中，有一棵和扶桑一样高大的巨树，它的名字叫作若木，树枝上开满了和车轮一样大的五彩若花。每当帝俊将太阳送到西方时，若花的颜色就会变得异常鲜红娇艳，像极了火红的夕阳。而当月亮到达若木时，若花的颜色就会变得像月亮一般洁白如银，并散发出浓烈的清香。据说，这是月亮女神常羲带来的香味。

常羲是负责运送月亮的月神。她每天晚上会把月亮送上扶桑树，让温柔的月光洒满人间。然后，她又会驾着龙车，将月亮缓缓送往西海。直到天明时分，她再把月亮从西海运回东海，为月亮沐浴之后，又等着夜晚的到来。

而帝俊则是运送太阳的太阳神。他每天早上从东海出发，把太阳送到西方，到了晚上又把太阳送回东海。这样，每天太阳出来的时

候,帝俊都能看到常羲把月亮送回东海。月亮出来的时候,常羲也能看到帝俊把太阳送回东海。日久天长,他们两个人便互生情愫。

帝俊见常羲温柔美丽,就求娶她做自己的妻子。常羲见帝俊每天运送太阳,勤劳而壮美,就答应了帝俊。婚后,他们在一个叫作卫丘的小山上建了一座琼楼,两人幸福地生活在一起。

没过多久,常羲为帝俊生下十二个月亮。这些月亮和常羲一样,温柔而美丽。从此以后,常羲就每天运送月亮,让它们在夜晚轮流照亮大地,给人们带来柔和的光辉。

后来,帝俊又喜欢上美丽的羲和,羲和为帝俊生下了十个太阳。从此,十二个月亮轮流在夜晚出现在天空中,一个月亮值守一个月,十个太阳轮流在白天出现在天空中,一个太阳值守一天。

长此以往,人们就把一年分为十二个月,一个月分为三旬,太阳轮换一周,也就是十天为一旬。因为是常羲和羲和的出现,让人们有了准确的时间划分,所以人们把她们称为"月亮女神"和"太阳女神",并把她们当作制定时历的女神。

18 投江而亡的湘夫人

娥皇、女英

地位： 湘妃，湘夫人
地域分布： 生于伊祁山（今河北保定顺平）
外貌： 蛾眉皓齿，沉鱼落雁
成就： 助舜脱险

> 《山海经·中山经》载："洞庭之山……帝之二女居之，是常游于江渊。澧（lǐ）沅（yuán）之风，交潇湘之渊，是在九江之间，出入必以飘风暴雨。"据学者分析，《山海经》中所说的"帝之二女"就是帝尧的女儿娥皇和女英。她们死后，精魂经常在江渊游荡，每次出入都会带来风雨。

上古时期，帝尧有两个女儿，分别叫作娥皇和女英。她们长得十分漂亮，并且聪明能干。帝尧晚年，认为舜德行出众，就把帝位禅让给了他。为了考验舜，帝尧还把娥皇、女英嫁给他，让两个女儿观察舜的品行。

娥皇、女英与舜结为夫妻后，发现舜一心为百姓治理洪水，还经常体察民情，是一位难得的好君主，便越来越喜欢舜，还经常协助舜为百姓做好事。舜看到娥皇、女英持家有方，还如此贤惠，心中越来越疼惜她们。

后来，舜关心南方百姓的安危，想要亲自视察南方，帮助百姓过上更好的生活。他把这个想法告诉了娥皇、女英。娥皇、女英怕路途遥远，没有人照顾舜的起居，执意要和舜一起去。但是，舜不忍心她们风餐露宿，跟随自己吃苦，便带了几个随从，自己悄悄出发了。

娥皇、女英知道后，十分担心舜的安危，急忙一起出发去找舜。一路上，她们跋山涉水，甚是辛苦，一直追到湘江[1]边上，忽然刮起了大风。一位渔夫知晓她们的来意，把她们送上了洞庭山。在山上，她们遇到附近的百姓，便向百姓打听舜的行踪。

不料，百姓告诉她们，舜为了视察南方，每天不辞辛苦赶路，并沿途不断帮助有困难的百姓，整天疲累不堪，不久前竟病死了，大家十分悲痛，已经将舜葬在了九嶷山下。

娥皇、女英听了，悲痛至极。她们无力向前，只好抱着山上的竹子，朝着九嶷山的方向哭泣。百姓怕她们的身体支撑不住，几番劝她们回家，但是都无果。就这样，她们整整在竹林里哭了三天三夜，最后竟哭出血泪，染红了山上的竹子。

后来，她们心灰意冷，想要追随舜而去，便双双下山，走到湘江边上。她们向着九嶷山的方向悼念了一番，就一起投入湘江而亡。百姓见娥皇、女英如此贞洁，都感动落泪，后把她们称为"湘妃"，把山上的竹子称为"湘妃竹"。

---

[1]湘江：长江流域洞庭湖水系，是湖南省最大河流。

永居广寒宫的女神 嫦娥

地位： 月亮女神
地域分布： 大荒之中
外貌： 美貌非凡，倾国倾城
成就： 寄予相思之情，代表思念之意

> 《山海经·大荒西经》载："有女子方浴月。帝俊妻常羲，生月十有二，此始浴之。"《山海经》中月神是帝俊的妻子常羲，后来人们根据西王母、后羿等人物，将常羲变成了嫦娥，并将其作为后羿的妻子。

嫦娥是中国上古神话中的仙女，也是为人所熟知的月亮女神。在神话传说中，嫦娥因吃了西王母的丹药，飞奔到月亮上，成为了神仙。此后，一直居住在月亮上的广寒宫中。

上古时候的人间，有一对男俊女美的恩爱夫妻，他们日出而作日入而息，过着男耕女织的幸福生活。男人擅长射箭，因箭术高超，能在山林中捕得不少的猎物，女人就会将吃不完的猎物分给周围的人们，因此，这对夫妻很受人们的喜欢。

男人就是后羿，女人就是嫦娥，他们还养了一只会发出猫叫声的狗，给它取名天狗，还有一只会捣药的白兔，取名叫玉兔。

有一天，天上出现了十个太阳，后羿作为有名的射师，还有被太阳神帝俊赐予的神弓短箭，就担起了射日的重任，果然不负众人的期盼，成功射下了九个太阳，人间恢复了往日的山清水秀，人民得以继续安居乐业。

帝俊得知自己的十个儿子，九个已经陨落，只留下一个太阳在照耀人间，很是心痛，但看到人间恢复了往日的平和，人们对后羿更加爱戴，思虑一番后，让西王母赐予后羿一颗飞升的丹药，想让后羿飞升为仙。

西王母告诉后羿，服用此药后，能够飞空成仙，但代价就是永远不能回到人间。

后羿不愿与嫦娥分离，回到家中后，就将丹药藏在了卧室。

天狗也参与了射日，觉得后羿得到丹药却不愿与他分享，就起了偷盗的心思。

这天，天狗趁后羿不在家中，偷摸进入卧室，寻到丹药正要一口吞下。嫦娥发现了天狗。天狗一慌，丹药掉在地上，裂成了两半。天狗将半颗丹药吞下，又要抢嫦娥手中的半颗。

嫦娥虽然不知道那药是用来做什么的，但那是后羿的东西，一定要护好它。就这样天狗和嫦娥相互追赶，纠缠中，嫦娥误吞了丹药，随后，嫦娥就感觉身体轻飘飘的，仿佛在往天上飞。

嫦娥双脚离地，想要回到地面却又不能，对所发生的事情惊慌失措。玉兔一直喜欢陪在嫦娥的身边，看嫦娥马上要飞走了，就赶忙跳到了嫦娥的怀中，嫦娥抱着玉兔越飞越高，越飞越高，直到抓住了天边的云朵，嫦娥才得以坐下来，但云朵还在带着嫦娥往上飞。

这时，后羿赶到家中，这才知道天狗偷吃丹药，嫦娥阻止未果，她自己也误食了。后羿心中悲痛，跑去追飞远的嫦娥，可已经来不及了，只能看着嫦娥越飞越远。

嫦娥带着玉兔一直飞到了月亮之上。她在月宫中竟然慢慢变成了月仙，每天悔恨自己吃了丹药，并日夜思念着自己的丈夫后羿。

后来，每到农历八月十五的晚上，一轮圆圆的明月就会挂在天空。人们都认为，这是嫦娥在思念着她的丈夫后羿。久而久之，八月十五便成为人们期盼团圆的中秋佳节。

衔石填海的神女

地位：填海神女
地域分布：发鸠之山
外貌：外形像乌鸦，头部有花纹，白嘴，红脚
成就：填海

> 《山海经·北山经》载："又北二百里，曰发鸠之山，其上多柘（zhè）木。有鸟焉，其状如乌，文首、白喙、赤足，名曰精卫，其鸣自詨（xiāo）。是炎帝之少女，名曰女娃。女娃游于东海，溺而不返，故为精卫，常衔西山之木石，以堙（yīn）于东海。漳水出焉，东流注于河。"这里描述的就是精卫鸟填海的故事。

相传，炎帝有一个非常可爱的小女儿，叫作女娃。她天生活泼好动，喜欢四处游玩。炎帝怕她走丢，一直不允许她走出宫殿。女娃每天在宫殿里面待着，虽然衣食无忧，却感到很无聊。

这天，她趁炎帝和姐姐不注意，偷偷跑到人间去玩耍。不知不觉，她就走到了东海。她看到大海一望无垠，风平浪静，玩心顿起。她找到一艘小船，然后乘着小船向海中心划去。一路上，她听着滔滔的海浪声，吹着凉爽的海风，非常惬意。

过了一会儿，她划船划得累了，就躺在小船里，任由小船自己漂动。没过一会儿，她就在小船上睡着了。

不知过了多久，女娃醒来，发现天已经黑了，海面上什么也看不到。她慌了神，赶紧拼命划船，想要回到岸上。就这样，女娃划呀划，不知道划了多久。忽然，一阵狂风吹来，女娃没站稳，跌倒在小船上面。这时，一股滔天大浪涌来，几乎要把小船掀翻。

女娃害怕极了，她用尽全身力气，稳住小船，然后抓起船桨继续划。可是，海浪像和她作对一般，越来越大。女娃几番挣扎，还是没能抵御巨浪，被巨浪打入海底。

就在女娃沉入海底的那一刻，她的精魂不甘心就这样消失，幻化成了一只彩色的鸟。它形似乌鸦，头顶带着花纹，喙呈白色，脚趾为红色。

然后，它飞向布满柘木林的发鸠山，从发鸠山上衔着小石子、小树枝投入大海之中。

就这样，日复一日，年复一年，它每天都回翔在波涛汹涌、浩瀚无垠的东海之上，不断地向下投掷碎石、树枝。

东海见它如此执着，咆哮着问道："小小的鸟儿，你为什么如此怨恨我，非要把我填平呢？"

小鸟坚决地说道："因为你夺走了我年轻的生命，以后还有可能会夺走千千万万的生命，我要阻止这样的悲剧。"

东海听了一边大笑，一边说道："我劝你还是省省力气吧，你如此渺小，我却无边无际，你就算穷尽一生也不可能把我填平的。"

小鸟不甘心，它大声说道："我一定要把你填平，哪怕用一千万年、一万万年我都不会放弃，哪怕填到宇宙终结、世界末日我也要一直填。"说完，小鸟继续飞向发鸠山去衔石头和树枝，然后把它们扔向东海。

每次，它扔下一块石头，都会在海面上叫着"精卫、精卫"，似乎在向东海表示它的决心。百姓知道后，都被鸟儿的决心打动了，称它为"精卫鸟"，认为它象征锲而不舍的精神。

21 至高无上的女神 西王母

地位： 万妖之母，王母娘娘
地域分布： 昆仑山
外貌： 其状如人，豹尾
成就： 掌管着天灾、瘟疫、刑罚，负责炼制不死灵药，可以让人长生不老

《山海经·海内北经》载："西王母梯几而戴胜杖。其南有三青鸟，为西王母取食。在昆仑虚北。"西王母常年居住在昆仑山上，头上戴着首饰，有三只红脑袋、黑眼睛的青鸟每天轮流外出，给西王母寻找食物。

西王母，俗称"王母娘娘"。她住在昆仑山上，掌管着天灾、瘟疫、刑罚，还负责炼制不死灵药。她还有一个蟠桃园，里面的蟠桃可以让人长生不老。因此，王母娘娘长生不老，寿与天齐。

相传，西王母长着人的模样，却有豹子的尾巴，头上始终佩戴着一枚玉簪。她住在昆仑山上，每天清晨和黄昏都会在山头吼叫。

后来，黄帝与蚩尤大战，蚩尤使用迷雾将黄帝的部队困住，黄帝没有办法驱散迷雾，屡次战败。一次，黄帝正在泰山上休息，西王母派了一个披着黑色狐皮大衣的使者去找黄帝，并把一张符给了黄帝。

然后，西王母又派九天玄女前去帮助黄帝。黄帝在九天玄女的帮助下，用赤铜宝剑、神兽夔皮制作的鼓、雷兽骨头制作的鼓槌打败了蚩尤，赢得了战争的胜利。

之后，黄帝又东征西讨，平定了数十个部落。西王母又派白虎使

者授予黄帝一张地图，让他统治天下。

　　再后来，黄帝退隐九重天外，西王母则变成了雍容华贵、仪态端庄的贵夫人。每年三月初三，她都会让仙女采摘蟠桃，用来在瑶池开蟠桃大会。

　　这一年三月初三，西王母照例在瑶池开蟠桃大会，各路神仙都备了礼物前来赴宴。只见瑶池上莲叶摇摇，荷花盛开，桌子上摆满了琼浆、瓜果，仙女们在宴会上弹奏琵琶，翩翩起舞。一时间，瑶池清香满园，仙乐飘飘。

　　不料，就在众位仙家饮酒作乐之时，人间突然浊浪滔天，洪水泛滥。天兵立刻前来，将此事禀告西王母。

　　原来，西王母邀请了很多神仙参加蟠桃宴，却没有邀请天池中的水怪。水怪听到后暴怒，开始兴风作浪，搅得天池水暴涨，淹没了村庄，百姓因此无家可归。

　　王母娘娘知道后，立即取下头上的碧玉簪子，将它投入天池之中。不一会儿，天池风平浪静，人间的洪水退去，平原又重新显露出来。百姓见此，都叩谢西王母的恩德，然后纷纷开始重建家园。

　　西王母的那根碧玉簪子则变成了一棵榆树，从此生长在天池边上，成为天池的镇水之宝。有了这棵榆树，水怪就被镇压在了天池水中，永远不能出来。时间长了，人们就把这棵榆树叫作"定海神针"，认为它能保佑天下太平，还把西王母奉为救世的圣母。

　　之后，西王母的名声越来越响，人们都认为西王母是可以保佑长生不老、无病无灾的神仙。无论是人间的帝王、百姓，还是求道修炼的人都希望可以见到西王母，得到西王母的庇佑。

22 手持巨斧和盾牌的大将

刑天

地位：上古大将

地域分布：神州大地

外貌：身强力壮，体型巨大

成就：大战轩辕黄帝

> 《山海经·海外西经》载："刑天与帝至此争神，帝断其首，葬之常羊之山。乃以乳为目，以脐为口，操干戚以舞。"刑天勇猛无比，即使失去头颅也不屈服，这种不屈不挠的精神被后人赞颂。

刑天是远古神话传说中的人物，是炎帝的手下大将，身强力壮，体型巨大。他生平酷爱音乐，曾为炎帝作乐曲《扶犁》、诗歌《丰收》，以此来歌颂当时人民幸福快乐的生活。

上古时期，炎帝和黄帝大战，战败退到南方。炎帝的苗族后裔蚩尤和黄帝作战，被黄帝杀死了。刑天作为炎帝的一员英勇善战的猛将，对炎帝忠心耿耿。他看到炎帝被迫隐退，蚩尤战死，按捺不住，便单独去找黄帝，想要和黄帝决一死战。

这天，他悄悄瞒着炎帝，左手拿着盾牌，右手持巨斧，一路杀到了黄帝的宫殿前。黄帝一时心慌，急忙派了几员大将前去应战。然而，没过多久，几员大将都败在刑天手下，丧失了性命。

黄帝怒发冲冠，询问众位大臣有谁可以打败刑天。一时之间，没有一个人敢应战。这时的刑天以为黄帝已经没有可用之人，不停地在宫殿门口叫嚣。黄帝盛怒，带着赤铜宝剑，亲自迎了出去。

刑天看到黄帝之后，怒目圆睁，如恶狼般扑向黄帝，照着黄帝头顶一阵乱劈乱砍。黄帝见刑天有勇无谋，只是一时之猛，暗暗告诫自己不能与他硬拼，必须要沉住气，找出刑天的破绽，然后一举将他拿下。

于是，黄帝左躲右闪，始终不肯出手。刑天胡乱劈砍了一阵，精疲力竭，招数慢慢失去了套路。这时，黄帝见刑天已经无心戒备，便瞅准空当，挥起宝剑向刑天砍去。忽然，一道血光喷射，刑天的头颅掉到了地上，滚落到常羊山脚下。

刑天没有了头颅，恐慌至极，连忙蹲下身子，在地上来回寻找着自己的头颅。只见他步伐混乱，到处胡乱摸索着，把参天大树都折断了，巨大的石头也被他捏得粉碎。霎时，整个常羊山烟尘弥漫，木石横飞。

黄帝见此，害怕刑天找到自己的头颅，情急之下，挥起赤铜宝剑，向常羊山奋力一劈。只听得一声震天巨响，常羊山一分为二，从中间裂开了一道巨大的缝隙。刑天的头颅顺着缝隙滚下了万丈深渊。而后，听得"咔嚓"一声巨响，常羊山合二为一，恢复成先前的模样。

刑天感应到声响，得知自己的头颅已经被埋在山底，愤怒不已。他站了起来，左手持盾，右手持斧，用自己的乳头作眼睛，肚脐作嘴巴，对着黄帝猛劈乱砍。

黄帝看到刑天失去头颅依旧威武不屈，敬佩之情油然而生。他让人在刑天尸体的北边奉上酒和祭品，祭奠刑天的亡魂。几日后，刑天才得以安宁。

23 人面兽身的火神 祝融

地位：原始社会末期著名氏族领袖

地域分布：封地于有熊氏故墟（今河南新郑一带，葬衡阳市南岳区祝融峰）

外貌：身材魁梧，红脸

成就：发明击石取火，降火助阵

> 《山海经·海外南经》载："南方祝融，兽身人面，乘两龙。"这句话描述的就是身在南方的火神祝融，他给人们带来了光明，人们都非常敬重他。

相传，上古部落联盟首领颛顼有一个后代，叫作重黎。他生得一副红脸，身材魁梧，性格火暴，部落的人都不敢轻易冒犯他。

当时，燧人氏发现了火种，给人类带来了光明。但是，人们还不会使用火，有时还因为掌控不住火而引发火灾，所以很多人都惧怕火。不过，重黎却与大家不同，他从小就喜欢与火打交道，十几岁的时候就能自由地操控火。

在重黎的指导下，人们不仅慢慢学会使用火取暖、驱赶野兽，还学会使用火烧水、煮饭。因此，人们都敬重重黎，认为他是上天派来保佑他们的火神。

一次，重黎带着部族的人迁徙，临行前，重黎特意带了很多尖石头，以便路上可以钻木取火。

走了很久之后，人们在一个地方安居下来。重黎便拿起尖石头，准备钻木取火。可是，这个地方刚刚下了一场大雨，附近的木头都是

湿的。重黎整整钻了三个时辰，木头连一丝烟都没有出现。

重黎看着族人都在等着用火，心里焦急万分。他一直拿着尖石头不停地钻木头，钻得手心都快破了，木头还是没有起火。重黎气得脸色黑红，猛地站了起来，将尖石头扔向前面的石山。

不料，被钻得发烫的石头撞到石山之后，竟燃起了几丝火光。重黎感到惊喜，立刻把尖石头拿了回去。琢磨了一会儿，他想出了一个好方法。他在石山脚下又找到一些尖石头，然后拿起其中的两块，不停地猛烈撞击两块石头。

不一会儿，果然有一些火光出现。他找了一些晒干的芦花，然后用两块石头靠近芦花猛地敲了几下，火星就溅到了芦花上。他借势轻轻吹了吹芦花，芦花上的火苗便蹿出来了。

人们看到重黎用这样的方法取火，简单又方便，都夸赞他聪明有才智。之后，人们凭借这个方法，每次都能顺利取火，再也不用费心保存火种了。

黄帝知道这件事情后，就封重黎为专门管火的火正官，并赐予他一个名字——祝融。他告诉人们，祝代表永远，融代表光明，这个名字就是希望重黎可以永远给人们带来光明。

后来，黄帝见祝融熟悉南方的情况，又把他封为南方的司徒，让他掌管南方的事务，从此人们又称他为南方火神。

怒触不周山的水神

地位： 水神

地域分布： 帝丘（今河南省辉县市）

外貌： 人面蛇身，红色头发

成就： 怒触不周山

> 《山海经·大荒西经》载："西北海之外，大荒之隅（yú），有山而不合，名曰不周负子，有两黄兽守之。有水曰寒暑之水。水西有湿山，水东有幕山。有禹攻共工国山。"在颛顼与共工之战中，颛顼成为最终的胜者。

共工，炎帝的玄孙，又称共工氏，是中国古代神话中的水神。他人面蛇身，性情暴躁，手下有两个恶名昭著的臣子：一个叫作相柳，人面蛇身，长着九个脑袋，性情贪婪残酷；一个叫作浮游，长得凶神恶煞，能够看透人的心思，善于施展蛊惑之术。

盘古开天辟地之后，女娲创造了人类万物，大地上生机勃勃，一片祥和。然而，当时的共工和颛顼一直不和，双方经常交战，纠缠不休。

一次，共工向颛顼发动攻击。他先派先锋大将相柳出战，猛烈攻击颛顼的宫殿。

然后，共工又派大将浮游使用巫术兴云布雨。顿时，风雨交加，整个宫殿一片漆黑。颛顼手下的兵将无法分清敌我，陷入混战之中，片刻间便损失了很多兵将。

颛顼见此情景，狂躁起来，下令全军猛烈地攻击共工军。不一

会儿，共工军就被打得节节败退。

共工恼怒，又发动相柳和浮游，合力将三江五海的水都汲取上来，往颛顼的宫殿引去。霎时，长空中浊浪倾泻，黑涛翻腾，颛顼的军队被水冲散，无法布阵作战。

颛顼立刻请来了风神帮忙，把海水都吹了回去。共工用尽全力想要留住海水，却被狂风吹得不能行动，整个部队东倒西歪，难以支撑。就这样，共工部队且战且退，逃回了大海。

颛顼见共工连连败退，一心想要一举歼灭共工，便带领部队全速追击，一直打到了共工的水宫。共工的大将浮游见共工大势已去，被活活气死，相柳则被大禹斩杀。共工失去了左膀右臂，部队被打得七零八落，无奈之下向天边逃去。

共工一直逃到了不周山，见颛顼还死追不放，又见自己的儿子抵挡不住颛顼众人的攻击，陡然怒气万丈，撞向不周山。只听见"哗啦啦"一声巨响，不周山竟然折断了。不周山是支撑天地的支柱，这一断导致半边天空都塌了，顿时天河倾泻，洪水泛滥。

25 断案如神的封疆大吏

孟涂

地位：司法之神，封疆大吏
地域分布：巴地
外貌：五官端正，刚直不阿
成就：诉讼断案，替民判案

《山海经·海内南经》载："夏后启之臣曰孟涂，是司神于巴。巴人讼于孟涂之所，其衣有血者乃执之，是请生。居山上，在丹山西。丹山在丹阳南，丹阳居属也。"孟涂能够看到有罪之人身上的血迹，以此成为人们心中的司法之神。

孟涂是夏启[1]的大臣，传说在巴地掌管着司法。在神话故事中，孟涂断案如神。他有一种独特的判案方法，可以看到有罪之人身上的血迹，每次都能将罪犯捉拿归案。因此，夏启将他封为巴地的封疆大吏，统领巴地的部落。

一天，一个猎人来找孟涂。他告诉孟涂，自己好不容易猎到了一只山羊，但是第二天山羊竟然不翼而飞了。他怀疑是邻居偷了他的山羊，因为他闻到了邻居家煮肉汤的味道。可当他找邻居问罪的时候，邻居却坚持说自己没有偷他的羊，反而说他故意污蔑别人。

孟涂知道后，和猎人一起来到邻居家。周围的人都想看一看孟涂的本领，也闻讯而来。孟涂见到邻居后，用心灵感应邻居身上的气息，用眼睛仔细察看邻居身上。良久，他告诉猎人，他并没有从邻居

---

[1] 夏启：帝禹的儿子，夏朝的第二任君王。

身上看到血，所以邻居并不是罪人。

猎人见此，不肯罢休，依旧坚持说邻居是罪人，孟涂的本领都是谣传，并不可信。大家一见，也怀疑起孟涂的本领，都吵嚷着让孟涂给个说法。

孟涂并不慌忙，他仔细地环视了一周，然后指着人群中的一个农夫说道，我从他的身上看到了血迹，他才是真正的偷盗之人。

大家一听，立刻都望向这个农夫。农夫见众人起疑，立刻想要逃走。围观的人见农夫神色有异，急忙将这个农夫抓了起来，并一起审问他。众目睽睽，农夫见无法逃脱，承认了山羊是他偷的。

原来，猎人猎到山羊的时候，恰巧被农夫看到了。农夫已经好久没吃到肉了，一心想要偷猎人的山羊。等到傍晚，他趁猎人熟睡之际，偷偷潜入猎人的家中，把山羊背走了。

第二天，他在家中饱餐一顿，便出去散步。途中，他看到人们都往猎人的邻居家走去，说是断案如神的孟涂抓住了偷羊的凶手。他心想，孟涂也不过如此，如今真正的凶手就在这里，他又去哪儿抓凶手，我倒要看看孟涂是怎么在众人面前出丑的。想到此，他便和众人一起来到猎人的邻居家。

孟涂告诉大家邻居并不是凶手之后，农夫便有些慌了神。他怕孟涂抓住他，便想要一走了之。然而，这时孟涂指认出了他。他被众人围着，无法逃脱，只好承认自己的罪行。

众人见孟涂抓住了真正的罪人，都相信了孟涂的本领，并且越来越敬重他。夏启知道后，认为孟涂有判案的天赋，就将他封为巴地的封疆大吏，让他掌管巴地的司法。

孟涂上任后，每次都能准确认出有罪之人并进行严厉的惩罚。长此以往，巴地的人们再也不敢犯罪，每天都辛勤劳作，生活也越来越富裕。

26 量度制作鼻祖 竖亥

地位： 量度制作鼻祖
地域分布： 神州大地
外貌： 四肢发达，步子极大
成就： 丈量大地，发明量度

> 《山海经·海外东经》载："帝命竖亥步，自东极至于西极，五亿十选九千八百步。竖亥右手把算，左手指青丘北。一曰禹令竖亥。一曰五亿十万九千八百步。"在神话故事中，竖亥是丈量大地的第一人。

竖亥，中国上古时期的神，是一个步子极大、特别能走的人。他曾奉大禹之命，丈量大地。后来，人们就根据他每步所走的长度发明了原始标尺。据说，勾股定理也是根据竖亥每步所走的长度得来的。

大禹治理好洪水之后，陆地和江海湖泊泾渭分明，人们分散在大地的各个角落，过着安宁而祥和的生活。

不过，大禹却一直心事重重，每天愁眉不展。大臣们疑惑，便询问大禹："陛下，您已经创造了太平盛世，百姓都过上了幸福的生活，并且还时常歌颂您的功德，您还有什么可忧心的事情呢？"

大禹叹了一口气，难过地说道："虽然现在没了洪水，人们再也不用担心居无定所，但是对于百姓来说，重建家园并非易事。而且，现在每个部落的人都分布在不同的角落，人心涣散，很难统治呀。"

大臣们思虑良久，也没有想到解决大禹疑难的办法。这时，有个大臣说道："不如将大地分成不同的地方，然后让每个部落的人分别在一个地方定居，再挑选合适的人分别管理各自的部落，这样一来，治理国家就会很容易了。"

大禹听了非常欣喜，认为这是一个好主意。但是，转眼他又开始犯难。因为所有人都不知道大地到底有多大，又该如何划分呢？想到这里，他又开始征求大臣们的意见，寻找丈量大地的方法。

另一个大臣突然想到一个人，他告诉大禹："我知道有一个叫作竖亥的人，他的步子极大，走起路来非常快。如果让竖亥去丈量大地，相信用不了多久陛下就能知道大地到底有多大。"

大禹好奇，急忙派人把竖亥请了过来。只见竖亥身材魁梧，头顶几乎要够到宫殿的顶。他进入宫殿后，小小迈了一步，竟然有一丈之远。大禹见到他的本领，深感惊喜，立刻将丈量土地的任务交给了竖亥。

竖亥领命后，从东走到西一直走了五亿十万九千八百步，从南走到北一共走了二亿三万三千五百七十五步，进而丈量出了大地的大小。大禹非常高兴，命人嘉奖了竖亥。然后，他把大地分成了很多地方，并命令各部落去自己的归属地。从此，各部落的人都安分守己，没有人敢随意犯法。

后来，人们在竖亥测量大地的基础上，又发明了尺、丈、里等很多量度单位，并把竖亥奉为华夏量度制作的鼻祖。

27 养蚕缫(sāo)丝方法的创造者 嫘(léi)祖

地位： 先蚕娘娘
地域分布： 西陵
外貌： 秀丽端庄，天生丽质
成就： 首创种桑养蚕之法、抽丝编绢之术

> 《山海经·海内经》载："黄帝妻雷祖，生昌意。昌意降处若水，生韩流。韩流……取淖子曰阿女，生帝颛顼。"其中，雷祖就是嫘祖，她发明了养蚕，教会人们用蚕丝制作衣服。

嫘祖，又名累祖，是中国上古时期人物，相传为西陵氏之女，黄帝的元妃。她发明了养蚕，被后人奉为"先蚕"圣母。她与黄帝结为夫妻后，生下玄嚣、昌意二子，昌意娶蜀山氏之女为妻，生高阳，高阳就是五帝之一的"颛顼帝"。

黄帝即位后，与西陵氏之女嫘祖结为夫妻。婚后，黄帝带领部落百姓发展生产，让嫘祖负责带领族中女子制作衣冠。嫘祖叫来胡巢[1]、伯余[2]和于则[3]三个人，让她们协助自己，寻找制作衣冠的材料。

最初，她们用树皮、麻网、野兽皮当作原料，用来制作衣服、帽子和鞋子。但是，部落里人口众多，她们一连制作了好几个月，才让部落里的人都穿上了衣服、鞋子，戴上了帽子。

---

[1] 胡巢：黄帝的妃子之一。
[2] 伯余：黄帝的妃子之一。
[3] 于则：黄帝的妃子之一。

完成这件事情后，嫘祖因为劳累，竟然一病不起。没过多久，便消瘦了很多。大家担心至极，想尽各种办法做了很多吃食，希望嫘祖恢复力气。然而，嫘祖一病，食欲下降，什么都吃不下。

这天，几个女子商量着去山上为嫘祖采摘一些新鲜的野果。她们东奔西走，跑遍了附近所有的山，但是采摘的果子不是酸的就是涩的，没有办法食用。转眼天就要黑了，她们心中越来越着急。

就在这时，其中一个女子忽然看到前面的桑树林中有很多白色的果子。她兴奋地告诉同行的几个女子，然后一起采摘了很多白色果子，接着匆忙下了山。

到了嫘祖家中，几个女子把这种果子送给嫘祖，请嫘祖品尝。嫘祖没有见过这种果子，出于好奇就咬了一口。但是，这种果子一点儿味道都没有，而且还是丝状的，根本嚼不烂。

几个女子见此，灰心丧气，觉得愧对嫘祖。嫘祖没有责备她们，反而灵光一现，想到了什么。她把这种果子的丝一点点剥下来，观察了良久。之后，她惊奇地发现，这种果子竟然是制作衣服的好材料。

更为神奇的是，嫘祖发现这种白色小果的用处后，病也一天天好了起来。没过几天，嫘祖的身体就恢复如初了。她迫不及待地让之前那几个女子带着她上山，找到这种白色果子。

她们在山林里观察了好几天，发现这种果子原来并不是树上结的果实，而是一种虫子口吐细丝缠绕而成的。嫘祖为此十分兴奋，她让人们采摘了很多白色果子，然后一起用这种果子来制作衣服。没想到，用这种果子制作的衣服十分光滑，人们穿着非常舒服。

之后嫘祖便带领着人们种了很多桑树，并把桑树上的虫子叫作"蚕"，把虫子吐出来的白色果子叫作"蚕丝"。就这样，部落里的人依靠桑树养蚕，并用蚕丝制作衣服、帽子和鞋子。

后来，人们将嫘祖奉为"先蚕娘娘"。

28 射太阳的射手 后羿

地位：射日英雄
地域分布：封地于商丘（今河南省商丘市）
外貌：面若冠玉，目若朗星，虎背猿臂，豹腹狼腰，身材健硕
成就：射九日，诛恶兽，为民除害

《山海经·海内经》载："帝俊赐羿彤弓素矰（zēng），以扶下国，羿是始去恤下地之百艰。"在神话故事中，后羿是伟大的神射手，他不仅射下太阳，解救百姓于火热之中，还经常帮助百姓斩杀怪兽，庇佑百姓安宁。

后羿，本名羿，自幼被父母抛弃在深山之中，在山林中成长，善于射箭。值得一提的是，后羿的弓箭是太阳神帝俊所赐。

《山海经·海内经》中记载：帝俊将一把红色的弓和系着丝绳的白色短箭赐予后羿，赋予他扶助天下邦国的重任。从那以后，后羿便开始关注并帮助人们，为他们解除各种艰难困苦。

《山海经》中也曾多次记载后羿射杀怪兽，解救百姓于危难之中的事迹，后羿射日便是最广为流传的一个故事。

相传，远古时期，帝俊和羲和结为夫妻，生下十个太阳。最初，十个太阳每天轮流登上扶桑树，为人间带来光明和温暖。

有一天，这十个太阳忽然起了顽皮的心思，他们想到每天轮流登上扶桑树，总要有一个太阳不能和其他九个兄弟待在一起，为什么不能一起出现呢？于是，他们瞒着帝俊和羲和，约定要一起跑到天上去玩耍。

然而，他们一齐出现给人间带来了巨大的灾难。大地被十个太阳炙烤着，土地龟裂，河水、井水开始急剧地干涸，庄稼也死光了，人间很快出现了旱灾，就连人也快要被烤化了。

后羿生活在茂密的山林中，然而，山林也因太阳释放的急剧高温而日渐枯萎，天地间这最后一片遮阴的净土也即将消失。

如后羿这般魁梧雄壮的汉子，也感受到被太阳烈焰炙烤的焦灼，

他又热又渴,看着被十个太阳烤焦的大地和遍地枯骨,对十个太阳的恶行更是愤怒。后羿拿上弓箭,决定亲自将他们射下来。

嫦娥和众人都极力劝说后羿,认为这是太阳神的孩子,如果把他们都杀了,人间也会遭到责难。

后羿看着入目的干裂和枯瘦的生灵,连飞鸟都坠落在焦土之上。他想到就算现在不杀了他们,所有人也都会因灼热和饥饿死去。于是,后羿更加坚定了射日的决心。

他唤天狗同他一起离开。

后羿让天狗前往烈日下吸引太阳们的视线,自己则躲在阴凉处等待机会。天狗边跑边叫,不断挑衅烈日,太阳们果然都被天狗吸引,只顾着和天狗嬉戏较量了。

后羿看准时机,趁机射下一个太阳,另外九个太阳看到他们的兄弟坠落,很是生气,于是,更加肆无忌惮地照耀着大地。

后羿怒发冲冠,只听见"铮"的一声,巨箭直冲云霄,又是一个太阳坠落。

这个太阳发出悲鸣,身上的光芒逐渐消失,然后坠落。其他八个太阳看到又一个兄弟死去,才知道事情的严重性。他们在天空中瑟瑟发抖,求后羿留它们一命。

然而,后羿决心已定,发誓要为百姓永除后患。他不管太阳们的请求,接着拉弓挽箭,又连发七箭,将七个太阳射落在地。顿时,空气凉爽了很多,河流也慢慢从大地上渗出来。后羿见了,心中欢喜,又要拿出神箭,想要把最后一个太阳也射下来。

一个人见了,连忙阻止后羿:"神通广大的射师呀,求您留一个太阳在人间吧,不然人间会陷入黑暗之中。"后羿想了想,的确如此,便收起弓箭。

后羿射日后,天上仅剩一个太阳,大地重现生机,河流清澈,草木繁盛。人们也走出山洞,欢声笑语,世间一片祥和。

29 追赶太阳的巨人

地位：上古巨人
地域分布：北方大荒中
外貌：身怀巨力，四肢发达，善于奔跑
成就：追赶太阳，经常替人打抱不平

《山海经·海外北经》载："夸父与日逐走，入日。渴欲得饮，饮于河渭，河渭不足，北饮大泽。未至，道渴而死。弃其杖，化为邓林。"夸父追逐太阳的决心值得敬佩，坚韧不拔的精神值得后人学习。

黄帝时期，北方大荒中有一座大山。这座大山高与天齐，山上松柏挺立，云雾缭绕，景色雄伟壮丽。在这仙境般的大山之中，居住着夸父族的族人。他们个个身体强壮、高大，力气惊人，生性善良，爱替人打抱不平。

一次，南方的蚩尤与黄帝大战时，被黄帝打败了。蚩尤听说北方的夸父族人勇猛无比，就派人来向夸父族求救。夸父族的人见蚩尤军队被打得七零八落，十分可怜，便决定出兵帮助蚩尤攻打黄帝。

蚩尤有了夸父族的帮助，如虎添翼，与黄帝的部队势均力敌。黄帝一时难以击败蚩尤战队，便去找各路神仙帮忙。后来，在九天玄女的帮助下，黄帝用赤铜铸造了一把宝剑，并用神兽夔的皮制作了一面鼓，用雷兽的骨头制作了一对鼓槌。利用这些神器，黄帝打败了蚩尤。

夸父族见蚩尤战队已经落败，只好跑回了大山之中。不料，这时突然发生了严重的天灾，太阳就像一个大火球一样，烤得大地龟

裂,河流干涸。夸父族的首领夸父为了部落,决定把太阳摘下来。

夸父仰天长啸,带着一根手杖,如同离弦的箭,向着慢慢西斜的太阳追去。一眨眼的工夫,夸父就奔出了几百里。他不顾性命,使出浑身力气,不停地追赶着太阳。

太阳看到一个巨人像一座大山一样压过来,吃惊得不得了,立刻加快了速度,一直向西山飞奔而去。

夸父见太阳跑得越来越快,便也不停地加快速度,瞬间就穿过了千山万水,一直追到了禺谷。夸父看着这团极大极亮的大火球,兴奋地张开了双臂,想要摘下太阳。

可是,夸父突然感到焦渴难忍。他蹒跚着来到黄河边,俯下身子一口气喝光了黄河水。但是,他还是十分口渴。无奈之下,他又将渭河里面的水全部喝光了。

　　然而,夸父依旧感觉口渴无比,他转身向北海跑去,想去喝大泽里的水。但这次夸父越跑越累,越跑越渴,力气一点点消耗殆尽。最终,他像一座大山一样倒了下去,再也没有起来。

　　太阳看到夸父颓然倒地,不由得暗暗钦佩夸父的勇气。神奇的是,经过太阳的照耀,夸父的手杖竟然化成一片桃林,树上挂满了硕大的桃子。

30 牛耕之祖 叔均

地位： 牛耕之祖

地域分布： 西周之国（今河南濮阳附近）

外貌： 眉宇宽阔

成就： 发展农业，创制牛耕

《山海经·大荒西经》载："有西周之国，姬姓，食谷。有人方耕，名曰叔均。帝俊生后稷，稷降以百谷。稷之弟曰台玺，生叔均。叔均是代其父及稷播百谷，始作耕。有赤国妻氏。有双山。"其中，叔均就是台玺的儿子，他继承了父亲的志向，带领人们大力发展农业，开启牛耕时代。

叔均是帝喾的孙子、台玺的儿子。台玺是周族先祖后稷的弟弟，后稷因为疼爱他而把王位传给了他。后来，他又把帝位传给了自己的儿子叔均。叔均也是一位杰出的首领，他在位期间还教会了人们用牛耕田。

相传，后稷即位后，周族人学会了农业生产。在后稷的带领下，人们每天都有足够的粮食可以吃，部落也因此发展得越来越繁荣。后来，后稷把帝位让给了自己的弟弟台玺。

台玺即位后，不改后稷的初志，继续带领着人们发展农业，耕种粮食。两年后，台玺的妻子生下一个男孩，取名为叔均。

叔均从小机敏，经常随父亲一起在田地里视察，观察百姓耕种。他六岁的时候就懂得观察天象，辨别耕种的时机。百姓按照叔均的指示播种，长出来的庄稼又大又饱满，产量特别高。

台玺见到叔均有发展农业的天赋，更加器重他。后来，台玺年迈，就把帝位传给了叔均。叔均不辜负父亲所托，在位期间大力发展农业，教会百姓观察气象，抓住播种的重要时机。此外，他还到处

寻找各种可以食用的作物种子，丰富百姓的膳食。一时间，周族人丁兴旺。

一次，叔均去田间视察。他发现一对年迈的夫妻正在犁地。由于他们体力有限，整整犁了半天才犁出来一小块地。夫妻俩因此着急不已，害怕就此耽误了播种的最佳时机，不能获得丰收。

叔均心想，虽然现在周族人都知道怎么耕种了，但是对于像这对夫妻一样的人来说，犁地的确是一项困难的工作，要怎样才能让百姓们更轻松地犁地呢？正想着的时候，叔均看到一头牛从田间走过，于是他心生一计。

他让人把牛牵了过来，然后把犁套在牛的身上，用鞭子赶着牛前进。牛吃痛，拉着犁一下跑出好远。百姓看到牛走过的地方，泥土都被翻了出来，十分松软，大家非常高兴，都称赞叔均找到了好办法。

后来，人们为了让牛更加听话，可以快速犁地，又利用空闲时间慢慢驯养牛。没过多久，大家就把牛视为耕地的工具。每每快到播种时节，家家户户就把自家的牛拉出来，让它犁一遍地。在牛犁过的地里，庄稼都能良好生长，因此百姓每年都能获得大丰收。

现在，人们把牛当作勤恳坚韧的象征。因为牛勤劳能干，是耕种的好帮手，为人类解决了粮食问题，所以，人们还认为牛寓意着五谷丰登、风调雨顺。

31 琴瑟发明人

地位：始作琴瑟者
地域分布：大荒之中
外貌：眉清目秀，品貌非凡
成就：创造琴瑟，制作乐器

《山海经·海内经》载："帝俊生晏龙，晏龙是为琴瑟。"据传，晏龙是中华民族琴瑟的始创者。

传说中，帝俊生了八个儿子，他们各有所长。其中一个儿子叫作晏龙，他是第一个发明了琴瑟的人。宋虞汝明《古琴疏》中也记载："晏龙者，帝俊之子也，有良琴六：一曰菌首，二曰义辅，三曰蓬明，四曰白民，五曰简开，六曰垂漆。"这也表明了晏龙与制作乐器的密切关系。

晏龙出生后，经常跟随帝俊视察民情。他看到在帝俊的统领下，人们学会了打猎、捕鱼，生活得其乐融融，十分欣喜。不过，他总是觉得人间还缺少一点乐趣，就想着创造出一种美妙的乐器。

这天，他到西山的梧桐林玩耍。游玩之际，他突然看到霞光万道，两只大鸟乘着美丽的祥云飞来。它们落在梧桐树上，发出悦耳的叫声。其他鸟儿听到叫声，也纷纷飞到梧桐树上，对着这两只大鸟鸣叫。

晏龙见到这种奇异现象，甚感新奇。他召来身边的人，询问这是什么鸟。原来，这种鸟就是凤凰。凤是雄鸟，它鸣叫时能发出"唧唧唧"的声音；凰是雌鸟，它鸣叫时能发出"足足足"的声音。

101

据说,凤凰是中央神鸟,被称为百鸟之王,能通天祉、应地灵、律五音、览九德,百鸟见了它们都要朝拜。而且,凤凰非竹不食,非醴泉不饮,非梧桐不栖。

晏龙知道后,心想凤凰这种神鸟只在梧桐树上停留,说明梧桐树肯定是树中的神品,如果用梧桐树做乐器,肯定能发出非常好听的声音。于是,他就让人砍下了一棵梧桐树带了回去。

晏龙仔细观察了一番,将梧桐树截为三段。他分别轻叩这三段梧桐木,发现上段木头声音太过清脆,下段木头声音太过混浊,而中间的木头清浊相济,十分悦耳。于是,他便将中段木头浸泡在流水之中。

过了七十二个昼夜,他将木头取出来开始制作乐器。一开始,他不知道怎么下手,后来,他按照一年三百六十五天之数将木头削成三尺六寸五分长,然后又按四时八节之数,定为后宽四寸,前阔八寸。

经过了整整一个月,晏龙终于做出了一把琴。他抱着琴来到梧桐

林，仔细聆听凤凰和百鸟的鸣叫，然后把这些声音编进琴曲中。当他弹奏完一曲后，凤凰已经飞到他身边的梧桐树上，百鸟也环绕在他上方的天空中。

晏龙大喜，又抱着琴来到山林，为打猎的人们弹奏琴曲。人们听了，顿时精神抖擞，振奋不已。从此，每当百姓庆祝的时候，都会请晏龙来弹琴助兴。

后来，琴这种乐器便逐渐流传开来，成为中华民族的瑰宝，中国的琴艺也慢慢受到了世界的瞩目，历千年而不衰。

世界围棋始祖

地位：上古部落联盟首领尧的长子
地域分布：南方，葬于苍梧之野
外貌：面如冠玉，气宇轩昂
成就：发明围棋

《山海经·海内南经》载："苍梧之山，帝舜葬于阳，帝丹朱葬于阴。"丹朱虽然没有帝王之才，却是围棋界的始祖，为人们创造了一种高端的娱乐活动。

上古时期，帝尧带领百姓打猎、耕种，人们生活得很安适。不过，帝尧却整天忧心一件事情。他的儿子丹朱已经长大成人，却天天不务正业，游手好闲，经常招惹祸端。帝尧为此训斥过他好多次，都不见成效。

这天，帝尧把丹朱叫过来，让他带着弓箭上山打猎。丹朱无心打猎，但不敢违抗父命，只好跟着帝尧来到山上。帝尧到了山上，不一会儿便猎了一只兔子和一只鸟。然而，丹朱一直坐在山上，一动也不动。

帝尧看了，气愤不已，对丹朱说："孩子，如果你再这样下去，等我老了，你如何继承我的位置，治理天下呀？"

丹朱眨了眨眼睛，说道："不是我不想打猎，只是兔子跑得快，鸟儿飞得高，根本打不到它们。而且，这天下被您治理得如此好，根本不需要我。"

帝尧听了，无奈至极。不过，他转念一想，既然打猎不成，可以教丹朱学习制衡之术，以此来稳定丹朱的心性。于是，他坐在地上，用箭头用力刻画了纵横十几道方格子。接着，他让身边的人捡来一堆小石子，然后手把手地教丹朱作战谋略。

丹朱看着父亲用小石子当作士兵，在方格子上来回走动，感觉很有意思，便认真地听父亲一点一点地讲解。不知不觉，他们父子两人竟在山上待到了天黑。帝尧见丹朱十分耐心地请教，深觉这个方法可行。

此后，帝尧只要有空闲时间，就陪丹朱玩小石子，教他制衡之术。就这样过了一段时间，丹朱学习谋略非常专心，也不到外边闲逛了，整天研习父亲教导的战术。

后来，丹朱发现，这种方法还有很多弊端，比如很难分清敌方和己方的小石子，没有具体的规则等。于是，他经过一番钻研，用两种不同的小石子分别表示敌方和己方，并将这些小石子称为"棋子"，还制定了棋子的规则，将这种玩法称为"围棋"。

帝尧见丹朱学有所成，决定把帝位传给丹朱。不料，丹朱醉心于围棋，无心治理国家。帝尧灰心，认为丹朱的确没有帝王之才，只好按照禅让制度，将帝位传给了德行出众的舜。丹朱因此有了大把的时间研习棋艺，也因此对围棋更加迷恋。

从此，人们也学着丹朱的样子，在地上画上棋盘，用不同的棋子对弈。到了现在，围棋变成了一种国际体育项目，深受人们的喜爱。

下篇

殊方异人

33 不怒自威的风神 石夷

地位：四方风神之一，西方风神
地域分布：西方大地之中
外貌：浓眉长眼，气势如山岳，不怒自威
成就：掌管日月更替变化

> 石夷：出自《山海经·大荒西经》，原文有"有人名曰石夷，来风曰韦，处西北隅以司日月之长短"的说法。"司"是"掌管"的意思。

上古时期，广袤无垠的大陆上有四位"风神"，又被称作"四方风神"。这"四方风神"分别是东方风神"折丹"、南方风神"因乎"、北方风神"鹓（yuān）"和西方风神"石夷"。其中，西方风神"石夷"不仅掌管风，还掌管日月的更替变化。

在那个混沌的时代里，石夷所处的西方虽然风景秀美，但太阳与月亮的更替并没有规律。为了让西方大地的先民过上更有规律的生活，石夷决定掌管日月更替，造福西方大地。

其实，早在石夷成为风神前，人们便对他十分崇敬。因为石夷不仅善良宽和，而且十分聪慧。石夷长到五岁时，其异于常人的聪慧便显露出来。

一日，部落里有两个人发生了争吵。原来，当地部落有个习俗——给天神奉送的供品，必须要系在竹竿上。今年风调雨顺，部落的收成很多。为了答谢天神，人们准备了很多供品，并将供品系在了一根很长的竹竿上。

部落的祭祀地点有一个大门，平日里，给天神供奉的竹竿都能毫无障碍地通过大门，但这次的竹竿实在太长，无论是横着拿还是竖着拿，竹竿都无法通过大门。

这时，其中一个人提议将竹竿砍成几段，可是另一个人觉得砍断竹竿不吉利，会受到天神惩罚。二人吵了半天都没有结果，眼看祭祀时间就要到了，部落的人急得团团转，却都想不出好主意。

这时，五岁的石夷路过祭祀大门，得知二人争吵的缘由后，他仰着脸说道："你们二人将竹竿放平，将竹竿的两头放在肩膀上，你们一前一后，将竹竿挑进大门就是了。"二人连连称妙，周围的人也对石夷另眼相看。

石夷到了弱冠之年，已经是远近闻名的聪慧青年。这日，石夷所在的部落与另一部落发生冲突，为了调和两个部落的关系，长老请石夷帮忙前去游说。对方部落的长老久闻石夷大名，便决定出些难题刁难石夷。宴会上，对方长老给所有人都准备了美味佳肴，却唯独给石夷上了一个鸡蛋。

对方长老笑着说道："真不巧，石夷若是晚来三个月，就能吃到美味的鸡肉了。"众人听完哈哈大笑，想看石夷如何应对。只见石夷不慌不忙地拿起刀，从竹桌上削了几片竹片，然后将竹片呈给对方长老。长老疑惑不解，石夷不卑不亢地说道："真不巧，您若是早来三个月，就能吃到美味的竹笋了。"

对方部落众人佩服石夷的胆识与智慧，从此不再进犯石夷的部落。

后来，石夷因为异于常人的智慧与悲悯，自愿去掌管西方大地的日月更替，为西方大地的先民做出贡献。于是，他便成了西方的风神，受到先民的尊敬。

34 掌管树木发芽生长的春神

句(gōu)芒

地位：木神，春神
地域分布：东方大地
外貌：人脸鸟身，脚下乘两龙
成就：主管树木的发芽生长

> 出自《山海经·海外东经》，原文有"东方句芒，鸟身人面，乘两龙"的说法。句芒是鸟身人面，说明他是东方"大白皋(gāo)部族"的神。大白皋部族是一个以鸟为图腾的部族，句芒神则是该部族的图腾神。

中国自古就有崇拜春神的传统，不管是南方还是北方，不管是沿海还是内陆，人们都喜欢举办迎春、祭春的活动来纪念春神。

中国的春神是一位名叫"句芒"的神仙。句芒长着人的脸，鸟的身子，脚下是两条龙。据说，句芒是西方天帝的儿子，名字叫"重"。可见，句芒不是由人化神的，他是一位天生的天神。

句芒手中拿着一个圆

规，专门负责春天万物的生长。由于他是天神，又掌管春天万物，所以人们对句芒十分崇敬，也经常向他祈求丰收与健康。

关于句芒，最出名的当数"句芒为秦穆公添寿十九年"的故事。话说春秋时期，有一个十分贤德的诸侯，即秦穆公。秦穆公能够任用贤才，曾以五张羊皮从楚国人手中换来了百里奚，又拜百里奚为官，重用他治理国家。秦穆公也很爱惜百姓，曾经有三百个饥饿的岐下野人，将秦穆公的宝马杀掉充饥，秦穆公没有处罚他们，而是直接赦免了他们。后来，正是这三百个逃跑的岐下野人，帮助秦穆公击败了晋国军队，还俘虏了晋国的国君夷吾。

这日，秦穆公去祖庙中祭拜先祖，他刚进祖庙，便看见有天神降临在庙的左边。秦穆公赶忙往左走，却看见一个全身披满羽毛的怪物。秦穆公大惊，吓得落荒而逃，谁知那人面鸟身的怪物却张口说道："你不要怕，我是木神兼春神。天帝因你德行有加，特命我赐予你十九年的寿命，让你的国家能够兴盛繁荣，也让你能繁衍更多子孙。"秦穆公闻言赶紧下拜，问道："敢问天神名字？"天神说道："我叫句芒。"

由于中国幅员辽阔，地大物博，不同的民族与地域都有不同的神系，所以在中国古代神话中，春神也不止句芒一位，比如简狄、东君、青帝等也都有春神的称号。不过，句芒作为最早的春神之一，一直受到大众的追捧和喜爱。

人身龙首的土地神

地位：司雨之神

地域分布：光山

外貌：龙头，人身，鸟爪，臂生羽毛

成就：掌管光山，负责布雨

《山海经·中次八经》载："又东百三十里，曰光山，其上多碧，其下多水。神计蒙处之，其状人身而龙首，恒游于漳渊，出入必有飘风暴雨。"计蒙能呼风唤雨，是光山的土地神。

颛顼在位时，天和地之间的距离还不算太遥远，因此神和人都可以自由地在天地间来往。颛顼继承帝位后，认为当初蚩尤作乱就是神人不分造成的，所以他觉得神和人必须要分出界限。于是，他便命重、黎两个神仙把天地间的通路隔断，阻止人们随意上天，也阻止神仙私自下凡。

重和黎接到任务后，分别伸出一只巨大无比的手臂，一个把天空托起来，尽力往上推，一个尽力把地往下压。这样一来，原来相隔很近的天地一下子隔得很远。从此，神和人再也不能在天上人间自由来往了。

颛顼有一个儿子叫作虐鬼。虐鬼经常偷偷跑到人间散布瘟疫，搞得民不聊生。但是，颛顼不但不责怪他，还经常替他掩盖恶行。一时间，民间变得乌烟瘴气，百姓难以生存。

有一座叫作光山的山上住着一个土地神，叫作计蒙。他长着龙的脑袋，人的身子，鸟的爪子，臂生羽毛，经常游走在江渊附近，负责

布雨。他知道这件事情后,同情无辜的百姓,就上天去乞求颛顼制伏虐鬼。

然而,颛顼不忍心责罚自己的儿子,就假借计蒙私自上天,罢免了计蒙的土地神之位,并命令计蒙永远不能上天。计蒙被罚,无奈之下只好回到光山。

他看到百姓每天被瘟疫缠绕,疾病难消,心中烦闷,日夜在江渊游走,寻找解决瘟疫的办法。苦思三天,他依旧没有办法,不由得长叹一口气。谁知,倾盆大雨突然从他口中喷涌出来。

原来,计蒙从出生就有喷雾唤雨的本领。虽然他的神仙之位被颛顼剥夺,但是他的本领还在。顿时,计蒙心生一计。虐鬼在民间行走,遍布瘟疫,只要他在民间下一场大雨,冲刷走所有的病毒,百姓不就得救了?

想到这里,他立刻走向村庄之中,张口喷雾唤雨。片刻,大雨倾盆而下,民间的病毒都被冲刷走了。

虐鬼见此,心生不悦,又想重新散布瘟疫。计蒙看穿了他的心思,急忙又降了一场大雨,把虐鬼冲走了。人们见虐鬼已除,都高兴极了。他们感念计蒙的恩情,将他奉为此地的"土地神"。

36 掀起滔天巨浪的神仙

禺䝞 (hào)

地位： 海神
地域分布： 北海海域
外貌： 人面鸟身，耳朵挂着两条黄蛇，双脚乘两条蛇
成就： 治理北海

> 出自《山海经·大荒东经》，原文有"东海之渚中，有神，人面鸟身，珥两黄蛇，践两黄蛇，名曰禺䝞。黄帝生禺䝞，禺䝞生禺京。禺京处北海，禺䝞处东海，是为海神"的说法。

上古时期，遥远的东海海岛上，住着一个人面鸟身、耳朵穿着两条黄蛇的海神，这个海神便是"禺䝞神"。禺䝞是黄帝的儿子，住在东海，他生了个儿子名叫禺京。禺京住在北海，与父亲禺䝞一样，他也是海神。

与句芒不同，海神虽是人面鸟身，但他们没有"脚乘双龙"，而是"脚乘双蛇"。我国先民相信，"龙""蛇"与"水"之间是有紧密联系的，所以大部分能"呼风唤雨"的天神，身边都会有"龙""蛇"相伴。

相传，禺京擅长变化，他经常变成其他动物的模样玩耍。在北海海域内，禺京时而化身鳌虾，时而化身鲸豚，与其他海洋动物一起遨游北海。

一日，天马驮了很多粮食谷物，奉天帝之命前往人间。去人间的路上，天马经过北海，正好遇见与鲸豚嬉戏的禺京。禺京看到天马后十分惊羡，便化身天马的样子，与其一同泅水嬉戏。天马渡过北海后

便扬长而去，禺京心心念念天马，逐渐荒废了对北海的管理。

失去禺京的管理，北海变得"暴怒无常"，在惊涛骇浪之下，无数海洋动物东奔西窜，或袭击过往的渔船，或相互厮杀。禺京的父亲禺䝞听闻此事，便从东海往北海赶来。一路上，见暴怒的北海动物四处作乱，禺䝞十分生气，便用两条蛇形锁链将北海动物锁了起来。

这两条蛇形锁链是由禺䝞双耳上悬挂的黄蛇幻化而成，被锁链锁住的动物根本无法逃脱。靠着蛇形锁链，禺䝞成功平息了北海的怒火，让北海海域重新归于平静。

回东海之前，禺䝞将双耳上的黄蛇赐予禺京，用来稳定北海的平静。禺京因为自己闯下的祸懊悔不已，他接过父亲的黄蛇后，决定痛改前非，专心治理北海。

在禺䝞、禺京两位海神的治理下，东海和北海海域非常太平。因为感念海神父子的功绩，沿海的先民建了许多海神庙用以供奉，祈祷去往东海和北海的船只能够安然无恙。

37 人面虎爪的神将 陆吾

地位：上古天神

地域分布：昆仑山

外貌：人面虎身，九条尾巴，相貌奇怪

成就：掌管天界九个区域，帮助大禹治理洪水

出自《山海经·西山经》，原文有"西南四百里，曰昆仑之丘，是实惟帝之下都，神陆吾司之。其神状虎身而九尾，人面而虎爪。是神也，司天之九部及帝之囿时"的说法。相传，陆吾不仅掌管"帝之下都"，还兼管着"天之九部"。

陆吾是一位非常神奇的上古天神，他长着老虎的身子，人的脸孔，还有九条尾巴。虽然他的相貌有些奇怪，却是个权力很大的天神。

除了"帝之下都"外，陆吾还掌管着天界的九个区域。也就是说，整个上层天界的时令、节气、动物、植物，都是由陆吾掌管。可以说，陆吾就是天帝的大管家。

在上层天界中，有一些奇异的动物、植物甚至人类陪伴在陆吾身边。

陆吾所住的昆仑山东边，有一大群希望能上达天听的巫师，这些巫师相互围在一起，手中都拿着不死神药，希望凡人能摆脱一死；陆吾所住的昆仑山西边，有奇异的凤凰、鸾鸟，这些神奇的鸟儿象征着祥瑞，受到天界与人间的喜爱与追捧；陆吾所住的昆仑山南边，有着蛟龙、大蛇、豹子和各种珍奇禽兽，其中，当数一种长着六个头的

树鸟最为奇特；陆吾所住的昆仑山北边，有着各种神奇的植物，比如珠树、文玉树、琪树、不死树等，这些神奇的植物吸引了不少奇珍异兽，而这些奇珍异兽也都归陆吾掌管。

陆吾尽职尽责，若有触犯天界规定的动植物，他都会毫不客气地将它们逐出天界。但是，他对自己管辖区域内与自己亲密的动植物相当纵容，比如昆仑山上的凤凰、鸾鸟、大蛇、蛟龙、珠树、文玉树等，只要它们不到天界九部之外的地方作乱，陆吾便对它们的所作所为睁一只眼闭一只眼。

除了在自己管辖区域内巡视外，陆吾也很喜欢外出交朋友。北海海神禺京、黄帝手下大将应龙、龙子〔赑（bì）屃（xì）、螭（chī）吻、蒲牢、狴（bì）犴（àn）、饕（tāo）餮（tiè）、蚣蝮、睚（yá）眦（zì）、狻（suān）猊（ní）、椒图、囚牛、貔（pí）貅（xiū）……〕等都是陆吾的好朋友。

大禹上天庭，向天帝要求讨回息壤、治理洪水时，天帝便任命大禹治理洪水，而且还派遣了应龙和陆吾做大禹的助手。大禹治水的行为惹怒了水神共工，共工喜欢兴风作浪，不愿对大禹俯首听命。于是，共工便用神力将洪水从西方一直淹到"空桑（今山东曲阜）"。陆吾与共工打了九次，但是九次都失败了。

不过，陆吾为大禹争取了时间，让大禹在"茅山"会聚群神，群神共同击败了水神共工。帮助大禹击败共工、治理洪水后，陆吾又回到了天界，继续管理起上层天界来。

时至今日，仍然有不少地方供奉陆吾。在当今出土的文物中，也有不少与陆吾有关的画像、器具与古籍。

38 品德高尚的神仙 长乘

地位：上古天神，九德之神
地域分布：蠃（luǒ）母山
外貌：外形为人，长着豸（zhuó）尾
成就：教民种植五谷，烹饪食物

出自《山海经·西山经》，原文有"西水行四百里，曰流沙，二百里至于蠃母之山，神长乘司之，是天之九德也。其神状如人而豸尾"的说法。"豸"是上古时期的一种野兽，像没有花纹的豹子。

相传，蠃母山上有一位品德十分高尚的天神，名叫长乘。相传，长乘是由天的"九德之气"所生，是名副其实的"九德之神"。

所谓"九德"，指的就是"忠、信、敬、刚、柔、和、固、贞、顺"。与长乘相比，凤凰也只是具备"五德"。不过，这个由天的"九德之气"所生的天神，却长着一条"豸尾"。

长乘是由"九德之气"幻化而成的天神，他的品性德操自然与寻常天神不同。

上古时期，人们在捕捉野兽后都是直接生吃，没有哪个人觉得不对，也没有谁觉得生吃禽兽之肉是件血腥的事情。长乘见部落里的人茹毛饮血，经常生病，心中不忍，于是将"取火以化腥臊（sāo）"的事情告知了燧人氏。

燧人氏将禽兽之肉用火烤过后，发现肉的味道变得极其鲜美，而且人们因饮食不洁而生病的事情也变少了。

不过，上古时期的先民靠打猎为生，他们虽然学会了使用火，但谁也不能保证每天都有食物。为了让人们不再挨饿，长乘看中了尝遍百草的神农氏。他让神农氏教人们吃五谷，还教授了神农氏种植五谷的方法。

燧人氏教会了人们用火，神农氏教会了人们种植并食用五谷，但人们不能光吃五谷，所以，长乘又让伏羲氏教会人们畜养牲畜。

长乘授意伏羲氏畜养牲畜的行为，不仅仅是让人们有稳定的肉食，还是为了教会人们用牲畜来祭祀。祭祀是一种尊重先祖、神鬼的行为，有了祭祀的行为，人类就能与禽兽区分开，也能拥有更高级的智慧。

因为感念长乘，古代先民认定只有那些有"德行"的人才配食用五谷，那些没有"德行"的人是不配吃五谷的。这些没有"德行"的人包括异族人、俘虏和奴隶等。而长乘、燧人氏、神农氏和伏羲氏，也因为教授人们知识而受到先民的供奉。

时至今日，仍然有不少地区有供奉长乘的习俗。人们将幻化长乘的"忠、信、敬、刚、柔、和、固、贞、顺"当作自己德行的标杆，这也与中国传统美德息息相关。

39 共工的大臣

地位：上古凶神

地域分布：昆仑山北

外貌：九个头，蛇身

成就：为祸人间，血液会腐蚀土地

> 出自《山海经·海外北经》，原文有"共工之臣曰相柳氏，九首，以食于九山。相柳之所抵，厥为泽溪（xī）。禹杀相柳，其血腥，不可以树五谷种。禹厥之，三仞三沮，乃以为众帝之台。在昆仑之北，柔利之东。相柳者，九首人面，蛇身而青。不敢北射，畏共工之台。台在其东。台四方，隅有一蛇，虎色，首冲南方"的说法。

上古时期，有一种非常凶残的恶神，名叫相柳。相柳又称相繇（yáo），是出名的上古凶神，也是水神共工手下的大臣。

相传，相柳有九个头，蛇身，他非常喜欢吃土，一次就能吃下九座小山，但他更喜欢吃人。凡是相柳经过的地方都会被水淹没，而且他喷出来的水又苦又辛辣，比洪水还要厉害。不管是人还是动植物，只要喝了相柳喷出的水就会送命。所以，相柳经过的地方，就连禽兽也不能存活。

当年，天帝为了惩罚人类，便派遣水神共工制造洪水。由于共工兴风作浪，洪水逐渐失控。为了平息天帝的怒火，人们纷纷向共工上供，以求换取人间的平安。

可是，大禹不愿意供奉共工，他请应龙及众神相助，又制定了详细的治水攻略——由应龙率领群龙，将洪水引导到江河之中；由火正

伯益焚山烧泽，驱散猛兽毒蛇；由旋龟驮着息壤，填平深沟，加固堤坝，将人们居住的地方垫高。在大禹的努力下，洪水的势头逐渐得到平息，人们也纷纷跟随大禹，反抗起兴风作浪的水神共工来。

共工十分生气，便运用神力，将平静的水再一次掀到天上。这次，共工的洪水一直淹到大地极东的地方——空桑。共工的行为惹怒了众神，他们纷纷响应大禹的号召，将共工击败并流放监禁。可是，共工被监禁后，他手下的大臣相柳却继承了共工的遗志，继续在人间兴风作浪。

相柳到处吃堤坝上的土，江河很快决堤，洪水四处泛滥。相柳又将吃下的土与腹中的毒水合并吐出，所到之处尽皆成了毒液沼泽。大禹十分愤怒，决定将罪恶滔天的凶神相柳诛杀。

相柳被杀死后，他的血流在大地上，腥臭无比，凡是被相柳之血沾染到的土地，从此便不能再种任何庄稼，而相柳流出的口水，更是形成了前所未有的毒沼泽。

大禹带着人三次填平沼泽，但每次垫上的土都会塌陷。没办法，大禹只好将这片沼泽开辟整理，变成一个大水池。为了彻底清除相柳留下的污秽，大禹还在水池边修建了几座高台用作祭祀，这些高台便是"众帝之台"。天神在"众帝之台"集聚能量，用以镇压相柳邪魔。

人身羊角的神仙

九山山神

地位：山神

地域分布：尸胡山等九山

外貌：人身羊角

成就：引发暴雨洪灾，毁坏庄稼

《山海经·东山经》载："凡东次三经之首，自尸胡之山至于无皋之山，凡九山，六千九百里。其神状皆人身而羊角。"传说尸胡山到无皋山之间一共有九座山，每一座山上都有一位人身羊角的山神。

上古时期，东边有两座山，分别叫作尸胡山和无皋山，这两座大山之间又有七座不知名的大山。九座大山各有一位山神，山神都是人身羊角，掌管着山上的大小事务，一不顺心，就呼风唤雨地引来洪灾。

由于这一地区山脉连绵起伏，且山体多土石，在雨水的冲刷下，泥沙俱下，山脚下就会变得如沼泽一般。最开始时，山下还住着不少人，但后来因为天灾不断，泥沼泛滥，人们都陆陆续续搬到别的地方住，只剩下几家人因留恋故土，还未搬离。

一开始九位山神并不在意山脚下是否有人居住，但随着人们一户户地搬去其他地方，九座大山顿时冷清起来。剩下的几户人家因为害怕遭遇狂风暴雨，也不再去山上砍柴、打猎了。连续几天都见不到一个人上山，九位山神更不高兴了，再次召唤来狂风和暴雨，借此发泄自己愤懑的情绪。

眼见着雨水又将成灾，几位还未搬离的农人赶忙拿出家中的黍米以及一头公羊，祭拜起山神来。九位山神见到此种景象，顿时就没了脾气，他们本来也没想将山下的人们全都赶走，现在人们既然主动祭拜他们，他们也就收敛起脾气，停住了狂风，也止住了暴雨。

眼见风雨都停歇了，山下的农人知道是自己的虔诚感动了山神，于是此后隔一段时间，他们就会进行一次祭拜。虽然山神还会偶尔发一发"小脾气"，但暴雨和洪灾出现的频率少了许多。

之前搬走的人听说了这件事情，都带着家人搬了回来。农人都认为，只要自己虔诚祭拜山神，山神定会保佑自己风调雨顺。就这样，人烟稀少的山林又变得热闹起来。山下的人们每天日出而作，日落而息，依靠打猎、耕种为生。

后来，人们为了供奉山神，特意在山中建了庙，每年都会在庙中举行盛大的祭祀活动。

41 天女旱神

地位：旱神

地域分布：北方大荒之中

外貌：身着青衣，面容姣好

成就：驱散雨水，赶走应龙

> 出自《山海经·大荒北经》，原文有"有人衣青衣，名曰黄帝女魃。蚩尤作兵伐黄帝，黄帝乃令应龙攻之冀州之野。应龙畜水，蚩尤请风伯、雨师，纵大风雨。黄帝乃下天女曰魃，雨止，遂杀蚩尤。魃不得复上，所居不雨。叔均言之帝，后置之赤水之北。叔均乃为田祖。魃时亡之，所欲逐之者，令曰：'神北行！'先除水道，决通沟渎"的说法。

上古时期，蚩尤部落与黄帝部落进行了一场大战。黄帝部落能者甚多，又请来风后，用八卦阵法攻击蚩尤部落，蚩尤受到了重创，只能命人死守部落。

一日，蚩尤帐下的大将夸父说道："我听说在东泰山之上，有风伯、雨师二位神人，他们道行极深，能呼风唤雨，我们为什么不请他们来相助呢？"蚩尤闻言大喜，立刻让夸父去东泰山请两位神人相助。

虽然涿鹿与东泰山相隔千里，但对夸父来说，去东泰山不过半日的脚程。很快，夸父就将风伯、雨师二位神人请到了蚩尤的帐中。风伯、雨师相貌怪异，一个有着鹿一样的身体，全身布满豹子一样的花纹，头像孔雀的头，头上的角峥嵘古怪，还有蛇一样的尾巴。一个则

是人身龙首，弓着腰身，有一张血盆大口。

第二日，蚩尤令夸父与黄帝部落交战，双方交战正酣，风伯、雨师突然从云端出现。风伯手拿芭蕉扇，将黄帝的军队吹得人仰马翻，雨师则张开黑洞似的大嘴，让倾盆大雨把黄帝一方浇得晕头转向。黄帝军队立刻撤退，可无论他们撤到哪里，这风雨都紧紧相随。最终，黄帝的军队大败而归。

黄帝的军队被风伯、雨师打败，不由得垂头丧气。见将士们士气低落，黄帝立刻命祝融回到中原，请应龙前来助战。可是，化作巨龙的应龙虽然能腾云驾雾，却被风伯的大风吹得摇摇欲坠，又被江河似的大雨耗尽了体力，只好往南方逃去。

黄帝的大军又一次被雨师、风伯打败，将士们的士气更加低落。黄帝站在涿鹿城头，看着溃不成军的将士们十分心痛，他只好命风后挥动旗子撤兵。

正在这时，远处突然传来一声呼喊："且慢！"众人闻言抬头望去，只见一位女子从天而降。原来，她便是黄帝的第四个女儿，名叫女魃。

女魃看出风伯、雨师呼风唤雨的能力并非神力，而是妖术，于是便从翅膀上拔下一根羽毛，又将羽毛放在手掌上。只见女魃用嘴一吹，这根翅膀就变成了一根巨大的火棍，火棍发出一道巨大的红光，射向空中正在施法的风伯、雨师。

风伯、雨师大叫一声，从空中掉落下来。刹那间，风雨停止了。风后在城头之上急忙挥动旗帜令军队冲杀，黄帝手下大将也顺利攻破蚩尤的部落。

女魃乃是天上的灶神，一直住在昆仑山。她采集日、月之光，练就了一身本领，尤其擅长驱赶暴风雨，拯救黎民百姓。可是，她在攻打风伯、雨师后，耗尽了身上的功力，只得留在北方。

传说，应龙逃往南方，所以南方多雨；而女魃住在北方，所以北方缺水。因为女魃能驱散雨水，所以人们又将女魃称作旱魃。

42 光辉照耀百里的姐妹
宵明、烛光

地位： 上古神人

地域分布： 大泽之中

外貌： 通体透白，散发着和煦光芒

成就： 驱散黑暗，带来光明

> 出自《山海经·海内北经》，原文有"舜妻登比氏生宵明、烛光，处河大泽，二女之灵能照此所方百里。一曰登北氏"的说法。

相传，盘古开天地后，天地虽然分开，但白昼少得可怜，一天之中，人们有大部分时间都是生活在黑暗中的。到了舜帝统治的时期，这个情况才得到了好转。

原来，舜帝的妻子登比氏生下了两个女儿，一个女儿叫宵明，一个女儿叫烛光。宵明与烛光都是通体透白、散发着和煦光芒的女子。她们的愿望都是希望能用自己的力量，让这片土地变得更加光明。

作为创世时诞生的光明神女，宵明稳重温和，烛光外向活泼。宵明最喜欢的事情，就是跟烛光一起去外面散播光明。宵明和烛光的能力很强，凡是两姐妹所到之处，方圆百里都有明亮的光芒。

在黑暗中生活的人们无比渴望宵明、烛光的到来，可是，两姐妹每天行走的路程有限，所以那个时代能获得光明的人还是极少数。为了让更多的人摆脱黑暗，宵明、烛光一直在行走，可是，依然有很多人无法获得光明。

这天，宵明、烛光来到一条大河前，滔天巨浪拦住姐妹二人的去路。正在宵明、烛光一筹莫展之际，巨浪被一股神奇的力量分开，一

个人脸、鱼身、生有双臂的怪物拦住了姐妹二人。

烛光将宵明护在身后,说道:"我们是舜帝的女儿宵明、烛光,请你放我们过去。"

怪物问道:"你们为何要过河?"

烛光将姐妹二人"为世界带来光明"的愿望告诉了怪物,没想到,怪物感动得落下泪珠,且泪珠尽皆化作了圆润硕大、泛着霞光的珍珠。

原来,这怪物名叫"鲛(jiāo)人",他们生活在古中国的南海外,极其擅长纺织。他们能织出一种叫"龙绡"的衣服,人们只要穿上龙绡,就可以自由出入水域而不湿身。而且,鲛人的眼泪可以化作珍珠,他们的油脂可以制作长明灯,只要一滴,就可以燃烧数日不熄灭。

鲛人听闻宵明、烛光的愿望后十分感动,他不但放宵明、烛光姐妹过河,还将龙绡赠予二人。宵明、烛光通过后,鲛人又对二人说道:"我的油脂可制作长明灯,点燃后千年不灭,我死后,你们二人可将我的油脂拿去,分给需要光明的人。"

时至今日,仍有不少地区供奉宵明、烛光,以感激姐妹二人对人们的贡献。

43 妖女之首

雨师妾

地位：妖女之首
地域分布：雨师妾国
外貌：皮肤黝黑，双手拿龟或蛇，两耳挂蛇
成就：御龙

> 出自《山海经·海外东经》，原文有"雨师妾在其北，其为人黑，两手各操一蛇，左耳有青蛇，右耳有赤蛇。一曰在十日北，为人黑身人面，各操一龟"的说法。

上古时期，在日出之所——汤谷的北面有一个国家，名叫雨师妾国，这里的国人皮肤黝黑，喜欢在双耳上悬挂蛇。雨师妾国的国王便是雨师妾。雨师妾是一位皮肤黝黑的女子，她双手或拿龟，或拿蛇，左耳挂着一条青蛇，右耳挂着一条赤蛇。

相传，雨师妾可以御龙，而且，只要她闭上双眼，就能感知到附近的男子，且能感知到男子们的相貌。所以，雨师妾又被冠以"大荒十大妖女"之首的名号。

作为大荒最美的女人，自然对寻找来的男子也是极为挑剔，她要找的是天底下最英武俊美的男子。

而拓跋野就是这样一位男子，拓跋野年轻勇武，在部族的地位崇高，还和九黎族部落的族长蚩尤是挚友关系，一度被部族内的女子争相追捧，都想嫁给他。

雨师妾听闻了拓跋野这个人，对关于他的传说很感兴趣，便立誓要找到这个人，将他带回雨师妾国，于是便从国都出发，一路风尘仆

仆赶到拓跋野所在的部族。

幸运的是，雨师妾刚到拓跋野所在的部族，就利用她的技能感知到了附近有一男子，这男子的相貌极为俊美，是雨师妾见过的最好看的男子了。

雨师妾便赶到了男子所在的位置，只见那男子躺在月光中，嘴角微笑，满脸无邪，正熟睡着，虽然周身褴褛，但那笑容如云开雾霁，英气逼人，让人情不自禁地喜欢。

雨师妾一眼便相中了这个男子，多方打听之下，才知道这男子正是她要寻找的人。

雨师妾作为雨师妾国的国王，性子从不拘谨，直白地向拓跋野说明来意，拓跋野也被这个女子的大胆所震惊，但也同样被雨师妾的个性深深吸引。

但拓跋野并没有马上答应，他知道九黎族族长蚩尤马上要和黄帝大战，为了大荒和部族的未来，他选择留下来。

雨师妾对拓跋野的担当很有好感，决定暂留下来帮助拓跋野。

此后，二人在战场上互相帮助，雨师妾擅长分析战局，拓跋野擅长作战，配合默契，两人感情极速升温，这段故事也一度被传为美谈。

只是蚩尤与黄帝对战失败，败走南方，也不知道最后二人的结局如何了，希望在神话传说中两人永远幸福。

44 两耳悬青蛇的海神

禺彊（qiáng）

地位： 海神
地域分布： 北方大荒之中
外貌： 双耳悬挂青蛇，体格健壮
成就： 力大无穷，稳定仙岛

> 出自《山海经·大荒北经》，原文有"北海之渚中，有神，人面鸟身，珥两青蛇，践两青蛇，名曰禺彊"的说法。黄帝轩辕氏生下了禺䝞，禺䝞生下了禺京，禺京便是禺彊。

很久很久以前，渤海的东方有一片茫茫大海，名叫归墟。归墟中有五座仙岛，这五座仙岛的名字分别是"岱舆""员峤（qiáo）""方壶""瀛洲"和"蓬莱"。

这五座仙岛方圆三万里，高也是三万里。仙岛的山顶有平皇，平皇有九千里大，而且，这五座仙岛之间足足相距七万里。普通人是很难抵达归墟的，所以，归墟上大多都是仙人、神兽和仙草。

"岱舆""员峤""方壶""瀛洲""蓬莱"这五座仙岛上，遍地都是黄金玉石，就连岛上的禽兽也都是通身白色。五座仙岛上长满了琅玕树，仙岛上生长出的果子也都很有奇效，普通人只要吃上一颗，便可以不老不死。所以，这五座仙岛上的居民都是神仙，他们可日行千里，想去哪里便去哪里，想飞升便可飞升，想入海便可入海。可是，归墟之海实在太大了，这五座仙岛经常随着波浪沉浮、漂流。

一日，一位住在"蓬莱仙岛"上的仙人外出访友，回来时却在归墟之海迷了路，他无论如何寻找，也找不到"蓬莱仙岛"了。没办法，仙人只好上九天寻找天帝，请天帝帮忙寻找"蓬莱仙岛"。天帝沉吟片刻，便将此事交给了海神禺彊。

禺彊是东海海神禺虢的儿子，他双耳悬挂青蛇，是当之无愧的海洋霸主。接到天帝诏命后，禺彊不敢怠慢，立刻上了九天。

天帝对禺彊说道："归墟之海有五座仙岛，这些仙岛是仙人们的住所。可是，仙岛经常随波浪浮沉漂流，仙人们害怕仙岛漂到极远的西方，你想个办法，让仙岛可以不再漂流。"

禺彊点了点头，他思索片刻，决定用十五只巨大的鳌托举海岛，让海岛可以不再漂流。这些巨鳌还被分成三拨，他们每六万年换一次班，能让这五座仙岛常年处于稳定状态。

正在仙人们相互庆贺家园稳定之际，一个生长在"龙伯之国"的种族却入侵了归墟。这个龙伯之国的人都是巨人，他们能长到三十丈，寿命有一万八千岁。入侵归墟后，他们只跨了几步，就走到了仙岛旁边，而且一下子钓走了禺彊的六只神鳌。

神鳌被龙伯国的巨人钓走，"岱舆仙岛"和"员峤仙岛"立刻漂走了。最后，这两座仙岛永远沉入了归墟之海，而岛上的仙人们也被迫迁移到了其他地方。

天帝听说龙伯国人的行为后震怒，他将龙伯国人流放到极其凶险的地方，并且大大缩短了龙伯国巨人的身高。不过，到了伏羲、神农的时代，龙伯国巨人仍然能长到数丈高。

掌管荒野黑夜的神人

地位：上古神人，夜游神
地域分布：南方荒野之中
外貌：红肩膀，行动灵活诡秘
成就：为天帝守夜，维持人间夜晚秩序，为民除恶

出自《山海经·海外南经》，原文有"有神人二八，连臂，为帝司夜于此野。在羽民东。其为人小颊赤肩"，尽十六人。的说法。

很久很久以前的南方荒野上，有专门掌管黑夜的神人。到了白天，他们就会隐去身影；到了黑夜，则出现在荒野之上，为天帝守夜。传说二八神共有十六位，在民间又被称作"夜游神"。

二八神的行动灵活诡秘。为了更好地完成守夜任务，他们一到夜间便在人间四处游荡，一边维持人间夜晚的秩序，一边窥测那些有不轨举动的人。每当发现不轨之徒，他们便会大叫，将恶人吓走。

话说东汉末年，益州有位名叫司马貌的秀才，他才高八斗，心思颇深，无奈他的际遇很差，到了五十岁还没混上一官半职，走在大街上也不过是"泯然众人"。司马貌觉得自身才华无处施展，心中闷闷不乐。

这日，司马貌多喝了几杯酒，便写了一首名叫"怨词"的诗，其中有一段是"善士叹沉埋，凶人得横暴。我若作阎罗，世事皆更正"。写完后，司马貌在灯火下吟诵数遍，随即将诗烧掉了。

原本此事十分隐秘，但司马貌的行为没有躲过二八神的耳目。很快，二八神就将此事奏报给了天帝。天帝十分生气，认为司马貌是

在藐视仙界，要治他的罪。这时，天帝身边的仙人说道："既然这个司马貌认定自己能胜任阎罗一职，那不妨就让他试试，如果他做得不好，再治他的罪也不迟。"天帝点头应允了仙人的建议，让司马貌代理阎罗半日。

原本天帝和仙人是想让司马貌知难而退，谁知司马貌竟然不同凡响，他不仅将地府日常打理得井井有条，还只用了半天时间，就将四件大案子分判得清清楚楚。天帝见司马貌才华横溢，性格又沉稳果毅，十分赞赏。于是，天帝便让他转世为司马懿，将三分的天下统一起来。后来，司马懿果然不负所望，建立了晋朝。

司马貌之所以有这样的境遇，还是多亏了二八神的耳聪目明。所以，古往今来，人们对二八神一直保有敬畏的态度。时至今日，仍然有不少地区供奉二八神，以求达成心愿。比如北京地区就有"夜间不能在院中放置脏水"的习俗，因为人们怕二八神巡夜时，误饮了不干净的水，这也体现了民间对二八神的崇敬之情。

46 可以反转手臂的人 天虞

地位：水神

地域分布：大荒之中

外貌：手臂可以反转，有十条尾巴，相貌英俊，魁梧奇伟

成就：治理水患，掌管河水

> 出自《山海经·大荒西经》《山海经·海外东经》《山海经·大荒东经》，原文有"有人反臂，名曰天虞""朝阳之谷，神曰天吴，是为水伯""有神人，八首人面，虎身十尾，名曰天吴"的说法。"天吴"就是"天虞"。天虞是水神的一种，最喜欢白狗的血，又被人们称作尸虞。

上古时期的大部分"神"，其实都是为人民服务的"官员"。比如"天虞（天吴）"，就是专门掌管水利的官员。其实，"天虞"里的"天"字指的是"帝"，所谓"天虞"，就是虞氏一族中的帝王。

相传，虞氏族有一个年轻有为且相貌英俊的首领，名叫"虞思"。由于虞氏族生活在水边，所以经常会遭遇水患。为了杜绝水患，虞思决定治理水域，让虞氏族人能够安居乐业。

这天，虞思照例到河边巡视，他发现人们"以土掩水"的方式效率很低。大部分时候，人们的土墙还未垒好，奔腾的河水就会把土墙冲倒。众人急得团团转，却没有办法。作为氏族的首领，虞思更是焦虑万分。

晚上，虞思苦思冥想治水之策，迷迷糊糊间，他仿佛来到了一个幻境，周围仙雾缭绕，中间端坐着一位须发皆白的仙人。仙人问道：

"虞思，你是否真心想治水患？"虞思连忙答道："真心，无论让我付出什么代价都可以。"仙人笑了笑，说道："你帐外有一条白狗，今夜你取白狗的血饮下，便可达成心愿。"仙人话音刚落，虞思便醒了过来。他连忙走出帐外，发现果然有一条通身雪白的狗卧在帐前。

虞思命人取来白狗之血饮下，说也奇怪，血刚触唇，虞思便生出八颗头颅，身子变成了老虎的样子，手臂也可以反转。族人看到虞思的变化后纷纷下拜，虞思顾不上理睬众人，立刻腾云驾雾，来到河边。

只见虞思反转手臂，掀起一股神风，一眨眼的工夫，一座坚实的土墙便出现在众人面前。在虞思的神力下，原本汹涌湍急的河水也平静了不少。

虞思成功治理了水患，但他奇特的相貌吓坏了不少人。为了彻底治理水患，更好地掌管河水，虞思一头扎进河里，成为河中的水神。

为了感念虞思舍身治水的功绩，人们将虞思称作"天虞"，也将他称作"河伯"。每当河水出现灾患时，人们就会供奉白狗之血，请求"天虞"现身，治理水患。

一步十里的神人

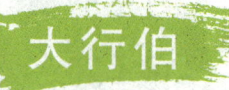

地位： 上古神人
地域分布： 犬封国
外貌： 头发火红，体格彪悍
成就： 大战颛顼

出自《山海经·海内北经》，原文有"有人曰大行伯，把戈。其东有犬封国。贰负之尸在大行伯东"的说法。"贰负之尸在大行伯东"的意思是说，"贰负"的尸体就埋在大行伯的东边。

很久很久以前，女娲用五彩石修补好了天宇，之后的很长一段时间内，日月星辰都在有规律地运行着。可是，有一天，一场突如其来的战争打破了这个局面，人间也陷入了无穷无尽的黑暗中。

原来，交战的双方是天帝颛顼与水神共工，共工长着人的脸、蛇的身子，头发火红。在黄帝与炎帝进行的大战中，共工还帮助炎帝作战。后来，共工掌管了江、河、湖、海、沼泽等领域，成为势力最大的神仙之一。随着权力的膨胀，共工的欲望和野心也逐渐显露出来。

到了颛顼时期，颛顼代黄帝行神权。可是，颛顼非但没有为百姓带来希望，反而派人断绝了人间与天界的通道，还将日月星辰系在北方的天空上，让它们固定在天上无法移动。这样一来，颛顼统治的地区就能享受到永久的光明，另一些地方却陷入了永久的黑暗，那里的百姓也陷入了无尽的恐慌与灾难。

颛顼的行为给共工带来了发难的机会，共工令大行伯推翻颛顼的统治，好让自己坐上颛顼的宝座。

　　大行伯是共工的儿子，也是个一步十里的神人，无论平地还是高山，大行伯都能飞速行走，这也让共工一方获得了战争的先机。

　　这场战争十分激烈，大行伯与颛顼的手下一直打到天上，又从天上打到了一个叫"不周山"的地方。不周山地处西北方，是一座奇崛突兀且高耸入云的山峰。大行伯以一人之力，与颛顼的手下鏖战不息。但是，颛顼手下神人众多，颛顼本人又是黄帝的曾孙，有号令众人的神力，所以大行伯逐渐败下阵来。

　　大行伯的父亲共工看到自己的儿子逐渐抵挡不住颛顼众人的攻击，陡然怒气万丈。愤怒的共工一头撞向不周山，将这座高耸入云的山峰拦腰撞断。

　　这时，整个宇宙都发生了剧变，由于没有不周山的支撑，日月星辰也再不能固定在原有的位置。它们开始重新进行昼夜更替，而不周山的坍塌，也让大陆变得凹凸不平，形成中国西北高、东南低的地势，江河湖水也顺着地势自西北向东南流去。

　　共工怒触不周山，也让大行伯重新振奋了精神。只见大行伯操起手中的戈，再一次向颛顼的手下杀去。奈何，颛顼受到了大部分人的支持，大行伯寡不敌众，最终共工一方以失败告终。

48 无头大将

夏耕尸

地位：上古大将
地域分布：巫山
外貌：气壮如牛，一手持戈，一手持盾
成就：大战成汤

> 出自《山海经·大荒西经》，原文有"有人无首，操戈盾立，名曰夏耕之尸。故成汤伐夏桀于章山，克之，斩耕厥前。耕既立，无首，走厥咎，乃降于巫山"的说法。

相传，上古时期一共出现过两个无头尸体，其中一个是刑天，另一个则是夏耕。

夏耕与刑天的外表差不多，而且二者之间的相似之处也很多，比如夏耕与刑天都是因为作战失败而丢掉了头颅。但是，二者也有区别，因为刑天是死战到底，最终被砍下头颅的精怪，夏耕却畏罪潜逃了。这是为什么呢？

原来，夏朝的最后一位皇帝夏桀残暴不仁，弄得夏朝民不聊生。这时，一位叫成汤的英雄不忍看到百姓流离失所，于是决定起兵，推翻夏桀的暴政。

成汤英勇善战，所向披靡，夏桀的军队却节节败退，一直退到章山一带。无奈，夏桀只好派出将军夏耕，前去章山迎战成汤。

夏耕是夏朝最出名的将军，他一手持戈，一手拿盾牌，有万夫不当之勇。夏耕与成汤在章山进行决战，不过，夏耕用尽浑身解数，却依然难逃被成汤打败的命运。最后，夏耕还被成汤砍下了头颅。

　　夏耕站起来后，突然发现自己没了脑袋，却依然活着。失去头颅的夏耕没有忘记成汤的英勇，他也知道自己根本不是成汤的对手，所以便不敢再与成汤为敌。而且，夏耕也害怕自己回到都城受到战败的惩罚，毕竟夏桀是个出了名的暴君。两难之下，夏耕往巫山逃去。

　　逃到巫山后，夏耕越想越后悔，他是夏朝的将军，却做出了临阵脱逃的事情，这对武将来说简直是莫大的耻辱。为了弥补自己的过错，夏耕仍然一手持戈，一手拿盾牌，为夏朝驻守巫山。由于夏耕的头颅已经被成汤砍掉，所以他又被人们称作夏耕尸。

　　夏桀手下有一些部落是农耕部落，夏耕则是这些农耕部落的首领。当时，农耕部落的人们听闻夏耕被成汤击败后逃去了巫山，为了追随首领，也纷纷前往巫山投奔夏耕，并长期在巫山定居下来。

　　时至今日，巫山仍有一些地区有"立尸祭灵"供奉夏耕尸的风俗，他们用这种方式纪念忠心守护巫山的夏耕尸，也表明自己不忘先主之志。

49 只有左臂的奇人

地位：上古奇人，火神
地域分布：大荒之中
外貌：只有一只左臂，力大无穷
成就：为民做事，大战蚩尤

《山海经·大荒西经》载："有人名曰吴回，奇左，是无右臂。"传说吴回是黄帝时期的一名火正，后来因为征战蚩尤去世，黄帝悲痛，封他为火神。

上古时期，祝融成年后，因为善于用火得到了族人的敬重，族人认为他是上天派来赐予他们光明的神仙。

两年后，祝融的母亲又生下一个孩子，取名为吴回。吴回天生没有右臂，周围的百姓经常以此嘲笑他。祝融却十分疼惜这个弟弟，去哪儿都喜欢带着他，并把自己驭火的本领都传授给了吴回。

吴回深受祝融的疼爱，并不把大家的嘲笑当回事儿，反而跟着祝融修身养性，每天都想着为族中百姓做更多的事情。

后来，黄帝与蚩尤大战，祝融和吴回都请命出征。一次，蚩尤制造迷雾，将黄帝的部队都困到山中。一时间，四周无法分辨，士兵都四处逃窜，不知道是敌是友。祝融见状，急忙取火，点燃火棍，并把火棍分给大家。

然而，蚩尤早就料到祝融也在部队之中，又召唤雨神下雨。这样一来，士兵们所持的火棍都熄灭了，大家又迷失在迷雾中。吴回见大家无法辨明方向，和祝融一起施展火术，想要烘干火棍，为大家提供光明。

不料，雨下得越来越大，火棍根本没有办法点燃。吴回气恼至极，搬起山中的大石头，不一会儿就垒起了一个石洞。在石洞中，吴回又施展火术，努力点燃火棍。终于，火棍被吴回点燃，大家又可以看清周围的状况了。

这时，祝融见石洞外的雨势还是很大，就对黄帝进言，请来风神和旱神帮忙，驱散迷雾，带来阳光。黄帝听了祝融的话，请来风神和旱神。没过多久，迷雾退去，天气变得晴朗。士兵们又一鼓作气，冲了上去。

吴回见此，也凭借巨大的神力，一路披荆斩棘，屡立战功。黄帝兴奋不已，决定战胜后一定要封赏吴回。没想到的是，蚩尤见黄帝战队重振旗鼓，急忙派魑魅魍魉应战。魑魅魍魉行踪诡异，飘忽不定，没几个回合就把吴回斩杀了。

黄帝悲痛，又请来九天玄女和女魃，共同对付蚩尤。最后，黄帝用赤铜宝剑斩杀了蚩尤的八十一个兄弟，生擒了蚩尤，赢得了战争。为了缅怀火正吴回，黄帝特封吴回为火神，并将他的尸首埋葬在大荒之中，时时派族人祭拜。

50 生出白犬的神人 弄明

地位：上古神人
地域分布：融父山
外貌：狗面人身，力气很大
成就：治理犬戎族，繁衍犬戎族

《山海经·大荒北经》记载："大荒之中，有山名曰融父山，顺水入焉。有人名曰犬戎。黄帝生苗龙，苗龙生融吾，融吾生弄明[1]，弄明生白犬，白犬有牝牡，是为犬戎。"相传，弄明是犬戎族的先祖之一，他生下了一只白犬，不断壮大了犬戎族。

弄明，犬戎族的祖先之一，相传为盘瓠（hù）[2]的后代。他长着狗的脑袋，人的身体，身材魁梧，力气很大。

很久以前，帝喾的妻子不知道为什么，耳朵突然又痛又痒。没过多久，竟然从耳朵中掉出一只金黄色的小虫子。说来奇怪，这只虫子出来后，她的耳朵就不疼了。

帝喾深感奇怪，就把小虫子放到了小瓠子[3]里面。没想到的是，过了两天，这只小虫子居然变成了一条长着五彩绒毛的小龙狗。帝喾将龙狗视为珍宝，为它取名为盘瓠，每天将其携带在身边。

后来，西北方的戎吴[4]突然叛乱，帝喾几次派兵出征，都没有战胜这个部落。帝喾气恼，就向众人表明，如果谁能砍下戎吴首领的

[1] 弄明：一作"卞明"。
[2] 盘瓠：古神话中人名，传说为犬戎国的先祖。
[3] 瓠子：一种草木植物。
[4] 戎吴：当时西北边陲的一个少数民族。

头颅，他就把自己的女儿嫁给谁。

小龙狗盘瓠听到后，立刻跑出小瓠子，向戎吴部落跑去。没过几天，盘瓠居然叼着戎吴首领的头回来了。帝喾见状，大吃一惊，没想到盘瓠还有这等本领。可是，他不忍心将女儿嫁给一条龙狗，便迟迟不肯兑现承诺。

盘瓠并没有因此灰心，它突然开口说话，告诉帝喾，它可以变成人。随后，帝喾按照盘瓠所说的，将它放在一个金钟之中，等到七天七夜之后，它就可以变成人。

不料，帝喾的女儿不相信盘瓠的话，第七天的晚上，她私自打开了金钟，只见盘瓠已经变成了狗面人身的模样。帝喾的女儿后悔提前打开金钟，但是也不想父亲违背诺言，只好和盘瓠结为夫妻。

婚后，他们两人恩爱异常。不久，帝喾的女儿生下十二个孩子。帝喾疼惜他的外孙，便各自封赏了他们一大片土地，让他们统领自己的部落。其中有一个孩子叫作弄明，他成了犬戎族的首领。

弄明在位期间，勤政爱民，体察民情，对子民非常宽容，百姓因此都非常爱戴他。不久，他娶了一位妻子，并生下了孩子。神奇的是，他的妻子生下来的是一只洁白的犬，头上还有五彩的绒毛。

人们都认为，弄明的孩子继承了盘瓠的特点，以后定大有所为。弄明也十分看重这个孩子，从小便教他治理国家，处理政务。

十几年后，这个孩子变成了狗面人身的人，身材魁梧，非常聪明。他每天跟随弄明处理政务，帮助弄明治理国家，德行非常出众。

后来，弄明年迈，便把首领的位置传给了这个孩子。

这个孩子继承了弄明的志向，一心治理国家，并且不断繁衍子嗣。就这样，犬戎族的族人越来越多，他们大多狗面人身，身材高大，十分勇猛。

51 正站没有影子的人 寿麻

地位：上古怪人

地域分布：寿麻国

外貌：正站没有影子

成就：治国有方，爱护百姓

> 《山海经·大荒西经》载："有寿麻之国。南岳娶州山女，名曰女虔。女虔生季格，季格生寿麻。寿麻正立无景，疾呼无响。爰有大暑，不可以往。"据学者研究，寿麻国很有可能处于现在的中亚腹地沙漠一带，当时的灾难很有可能就是我们现在所说的地震。

上古时期，有一个部落地处西方，所居之处都是沙漠。这里的首领叫作南岳，他娶了一个叫作女虔的女子。婚后，女虔生了一个孩子，取名为季格，季格成年结婚后，又生了一个孩子叫作寿麻。

寿麻出生时天放异彩，人们都认为这是吉祥的预兆。更奇怪的是，寿麻正着站立的时候没有影子，大声叫喊也没有声音。部落里的人都认为他是从天上来的神仙，可以保佑他们部落平安无事。

季格看到寿麻的神奇能力，也很重视他，经常把他带在身边亲自教导。后来，季格将首领的位置传给了寿麻。没过几年，季格便去世了。

寿麻继位后，非常勤勉，每天都致力于管理国家，为百姓寻找更多的食物和生存之道。百姓见寿麻治国有方，都非常爱戴他。

不料，没过多久，一场灾难降临。这天，部落里的人感觉到大地开始晃动，并且不断下陷，洪水突然泛滥，万物都随着大地沉入水

中。百姓惊慌不已，都认为这是上天的惩罚，不知道该怎么办。

寿麻看到国家逐渐沦陷，百姓流离失所，无处可居，便当机立断，带领着百姓一路向北奔逃。

路途中，寿麻并没有因为自己是首领而率先逃跑，而是走在队伍的最后面，一路护送所有的百姓逃亡。不仅如此，他还把自己的车马让给老弱妇孺和孩童。百姓看到寿麻没有一点首领的架子，一心带领着他们寻找生路，更加信服他。

他们一路逃亡，一直走到了平原地区。寿麻见这个地区大地平坦，还有很多不知名的植物生存着，觉得这里可以成为他们的安居之所，便吩咐百姓在这里修建家园。

百姓按照寿麻所说的，在此定居了下来，并把这里当作他们的国家。他们感激寿麻的救命之恩，依旧把寿麻当作他们的首领，并拥立他为这个国家的君主，将国家改名为寿麻国。从此，他们在寿麻国安定下来，过上了平凡的生活。

后来，有人好奇原来的部落怎么样了，曾经派人回乡打探过。去打探的人告诉他们，之前族人居住的地方已经不在了，很有可能是在那场灾难中随着大地一起沉了下去。

52 折断脖子的怪人 据比尸

地位：上古怪人

地域分布：大荒之中

外貌：身材魁梧，勇猛无比，只有一只手，力大无穷

成就：大战炎帝

《山海经·海内北经》载："据比之尸，其为人折颈被（pī）发，无一手。"据说，据比是黄帝的一员猛将，在一场大战中被人折断了脖子，砍断了一只手。他死后，尸体依旧勇猛无比，无人能敌。

上古时期，黄帝和炎帝意见相左，水火不容。后来，他们相约在阪泉一战。黄帝和炎帝各自带领着精兵强将，前往阪泉。

炎帝手下有刑天、蚩尤等诸多大将，还有魑魅魍魉来助阵。刚开始，炎帝一路势如破竹，打得黄帝部队一直后退，没有前进的时机。黄帝因此烦忧，在部落中寻找勇猛的将士，希望可以扳回一城。

部落里的人听说后，都举荐一个叫作据比的人。据比是一个普通妇人所生，他出生的时候天降大雨，很多庄稼都被淹没了。因此，周围的人都将据比视为不祥之人。

谁知，据比生来力大无穷，六岁就能拔起巨树，勇猛无比。一次，他听到周围的人议论他和他的母亲，一气之下拔起了一棵百年巨树，想要惩罚诋毁他母亲的人。周围的人见此，才知晓据比的威猛，以后再也不敢私下议论他。

黄帝听说据比的身世后，立刻派人将据比召到宫中，亲自试探他

的能力。只见据比身高两米，四肢粗壮，一手能托起千斤巨鼎。黄帝见据比果然如传言般勇猛，就封他为骁勇将军，让他随军一起出战。

据比到了战场之后，一挥手，一踢脚，便能打翻上百人。炎帝的部队一时找不到能够抵抗据比的人，因此连连败退。

后来，炎帝的部下对炎帝说，据比虽然力大无穷，但是心智不全，不懂阵法，可以利用这点设置迷阵，将据比困在其中，然后再派人斩杀。

炎帝觉得很有道理，便带领部队亲自布阵，然后让魑魅魍魉吹出迷雾，将据比困在阵中。据比在迷雾之中难以辨别方向，气恼下一直乱踢乱砍。没过多久，他的力气就耗尽了。

炎帝部队趁此时机扑上前去，折断了据比的脖颈，砍断了他的一只手。据比脖颈被斩断，只能仰着头，但是他的力气不减。他等到体力恢复后，挥动着一只手，继续斩杀敌军。这时的他，单手也能以一敌十。

炎帝部队敬佩他的勇猛，知道没有什么可以真正打败他，只好放弃进攻，暂时后退。最终，黄帝赢得了这场战争的胜利。炎帝败退，隐居到了南方。

据说，据比死后，他的尸体依旧可以在夜晚复生，单手拔起大树。人们惊叹他的勇猛，将他奉为力大无穷的神。

53 跑得最快的神人

地位：后世武官象征
地域分布：疏属山
外貌：人面蛇身，雄壮挺拔
成就：大战窫（yà）窳（yǔ）

《山海经·海内西经》载："贰负之臣曰危，危与贰负杀窫窳。帝乃梏之疏属之山，桎其右足，反缚两手与发，系之山上木。在开题西北。"相传，贰负和窫窳同为天神，他们都是人面蛇身。

贰负是古代传说中的神，相传是古代跑得最快的神人，后来成为武官的象征。

相传，黄帝时代有一个神仙叫作贰负，他长着人面蛇身，跑得很快。在当时，众位神仙都觉得贰负具有龙的特征，是世界上独一无二的龙神。在很多神仙的吹捧下，贰负也越来越高傲，觉得没有神仙可以与他相比。

不料，后来出现了一个叫作窫窳的天神。这个天神也长着人面蛇身，走路速度极快。贰负听说后，十分不满，但是碍于黄帝的威严，不敢迫害窫窳。

这天，贰负手下的一个叫作危的大臣告诉他，窫窳在众位神仙面前十分威风，经常穿着华服接受众位神仙的朝拜，并且还向其他神仙说贰负是冒牌的龙族，只有他才是真正的龙族，因此众位神仙应该称他为龙神。

贰负听了，气急败坏。他之前一直因为黄帝的威严忍让窫窳，却不承想窫窳一直在众位神仙面前诋毁自己。于是,他便和危一起找到窫窳,想要谋杀窫窳。

窫窳见到贰负,哭诉自己并没有在众位神仙面前说贰负的坏话,是危故意挑拨。但是,这时的贰负已经气昏了头,他根本没有理会窫窳的话,直接和危一起动手,重伤了窫窳。

正当他要把窫窳杀死的时候,黄帝知道了这件事情,立刻命令天兵追杀贰负和危。但是,贰负是跑得最快的神人,不一会儿就跑到了千里之外。黄帝并没有因此放弃,派了更多的人来抓他。

最终,在疏属山[1]抓住了贰负和危。黄帝命人用脚镣把贰负锁在疏属山上,永远不能下来。这样过了很多年,贰负变成了一具干尸。

至于窫窳,黄帝则派天神将他抬到昆仑山上,让巫师救治他。巫师见窫窳已经奄奄一息,只有不死药或许能救他一命,就为窫窳服用了不死药。窫窳服用了不死药之后,虽然醒了过来,但是神志竟然混乱了。

他终日在昆仑山游荡,行踪不定。后来,他不小心掉到昆仑山下的弱水中,变成了形状像牛、皮肤红色、脚像马足、声音像婴儿啼哭的怪兽。他记恨贰负和危把自己害成这样,开始到处祸害人间的百姓。

再后来,神箭手后羿不忍心百姓被窫窳危害,用神箭射死了他。此后,百姓又过上了安宁的生活。

---

[1]疏属山:位于今陕西省绥德县境内。